Eine Bildreise

Tom Krausz/Matthias Sachsenweger/Ellert & Richter Verlag

Schönes Leipzig

Beautiful Leipzig

Autoren / Authors / Bildnachweis / Photo credits / Impressum

Tom Krausz, geb. 1951, Studium der Fotografie in Hamburg; Kameraassistent beim Fernsehen; seit 1978 als freier Fotograf tätig, lebt in Hamburg; Preisträger mehrerer nationaler und internationaler Wettbewerbe. Seit 1982 Mitglied im Bund freischaffender Foto-Designer (BFF), mehrere Ausstellungen, Veröffentlichungen im In- und Ausland, u. a. in „Stern", „Art", „ZEITmagazin", „SZ-Magazin", „Merian", „Globo" und „Feinschmecker".

Tom Krausz, born in 1951, studied photography in Hamburg, worked as a television camera assistant and has been a freelance photographer since 1978. He has won awards in several national and international competitions, been a member of the German Freelance Photographic Designers' Association (BFF) since 1982, held several exhibitions and published at home and abroad, including for "Stern", "Art", "ZEITmagazin", "SZ-Magazin", "Merian", "Globo", and "Feinschmecker" magazines.

Matthias Sachsenweger, geb. 1954 in Halle/Saale. studierte von 1973 bis 1979 Medizin an der Universität Leipzig; danach Tätigkeit an der dortigen Universitäts-Augenklinik. Klinische und wissenschaftliche Lehrtätigkeit an den Universitäts-Augenkliniken in Leipzig, Halle und München. 1987 bis 1988 Hochschuldozent und Augenarzt in Äthiopien. Seit 1990 niedergelassener Augenarzt in Landshut. Zahlreiche Publikationen zu augenheilkundlichen Fragen.

Matthias Sachsenweger, born in Halle/Saale in 1954, studied medicine at Leipzig University from 1973 to 1979, then worked at the university eye clinic. Has worked in clinical medicine an medical research at the university eye hospitals in Leipzig, Halle and Munich. He worked as a university teacher in Ethiopia in 1987/88 and has been a practising ophthalmologist in Landshut, Bavaria, since 1990. He has published extensively on ophthalmological subjects.

Bildnachweis/Photo credits:
alle Fotos: Tom Krausz, Hamburg
außer:
Peter Hirth, transit, Leipzig: S. 22

Titelabbildung/Cover:
Goethedenkmal vor der Alten Börse
The Goethe monument outside the Alte Börse

Text und Bildlegenden/Text and captions:
Matthias Sachsenweger, Landshut
Übertragung ins Englische/English Translation:
Paul Bewicke, Hamburg
Lektorat/Editor: Daniel Tilgner, Hamburg
Bildredaktion/Picture Editor: Kathrin I. Müller, Hamburg
Gestaltung/Design: Büro Brückner + Partner, Bremen
Satz/Typesetting: appelt mediaservice, Berlin
Lithographie/Lithography: Lithographische Werkstätten Kiel, Kiel
Druck/Printers: Girzig + Gottschalk GmbH, Bremen
Bindung/Binding: S. R. Büge GmbH, Celle

Bibliographische Information der Deutschen Bibliothek
Die Deutsche Bibliothek verzeichnet diese Publikation in der Deutschen Nationalbibliographie; detaillierte bibliographische Daten sind im Internet über http://dnb.de abrufbar

ISBN 3-89234-586-4

© Ellert & Richter Verlag GmbH, Hamburg 1998
5. Auflage 2005

Inhalt

„Mein Leipzig lob ich mir! Es ist ein klein Paris, und bildet seine Leute." —————————————— 6
"You can't beat my Leipzig! It's a little Paris and educates its people." —————————————— 7

Leipzig und seine Geschichte —————————————— 22
Leipzig and its history —————————————— 23

Das monumentale Leipzig —————————————— 38
Monumental Leipzig —————————————— 39

Ein Kneipenbummel durch die Innenstadt —————————————— 54
A tour of the city-centre pubs —————————————— 55

Spaziergänge zu Dichtern und Musikern —————————————— 68
Walks to writers and musicians —————————————— 69

Leipzig, die Handels- und Messestadt —————————————— 78
Leipzig, city of commerce and the trade fair —————————————— 79

Leipziger Allerlei von A bis Z —————————————— 92
Leipzig from A to Z —————————————— 93

Karte/Map —————————————— 96

Leipzig liegt in der Mitte, in der Mitte Deutschlands, in Mitteleuropa.
Leipzig war und ist wie die sächsische Landeshauptstadt Dresden eine Stadt der Kunst: Es gibt kaum einen deutschen Denker, der nicht hier gewesen wäre, kaum einen deutschen Dichter, der sich von ihr nicht hätte inspirieren lassen. Johann Wolfgang von Goethe (1749–1832) war nicht der erste und nicht der letzte, der Leipzig und die Leipziger besungen hat: „Mein Leipzig lob ich mir! Es ist ein klein Paris, und bildet seine Leute“, läßt er im „Faust“ sagen und bescheinigt der Stadt damit Weltoffenheit, Prosperität und Fortschritt. Sein Vater schickt ihn 1765 nicht umsonst von Frankfurt zum Studium nach Leipzig, dem damaligen geistigen Mittelpunkt Deutschlands; er soll hier Bildung erhalten, Umgangsformen lernen und seinen hessischen Dialekt ablegen. Es gelingt bis auf letzteres wohl alles. Daß er sich darüber hinaus in erster Linie um das schöne Geschlecht kümmert, steht auf einem anderen Blatt. Vor der Alten Börse auf dem Naschmarkt steht vor malerisch-barockem Hintergrund das Konterfei des Dichters und soll an seine hitzigen Studententage erinnern. Seine damaligen Freundinnen, wie kann es anders sein, werden heute noch verehrt, und seit Generationen rätseln Literaturwissenschaftler über die Wirkungen dieser Leipziger Mädchen auf des Dichters Werk.

Genau 20 Jahre nach Goethes Ankunft in der Stadt besucht Friedrich Schiller (1759–1805) einen Sommer lang Leipzig. Er wird von Bewunderern eingeladen und verbringt hier eine unzweifelhaft glückliche Zeit. So ist es vielleicht kein Zufall, daß er bei seinem Leipziger Aufenthalt die erste Fassung der „Ode an die Freude“ dichtet, die Ludwig van Beethoven (1770–1827) später für den Schlußchor seiner 9. Symphonie vertont. Ein kleines, unscheinbares Bauernhaus mit dicken Lehmmauern und klobigen Balken in der Menckestraße 42 in Leipzig-Gohlis, in dem er wohnte, erinnert an seinen Besuch.

Aber schon lange vor den beiden berühmten Klassikern der deutschen Literaturgeschichte hat der für seine Zeit ebenso bedeutende Dichter Gotthold Ephraim Lessing 1749 in einem Brief an seine Mutter Leipzig als einen Ort gepriesen, „wo man die ganze Welt im kleinen sehen kann“. Der Welt der deutschen Romantik gibt der Dichter Novalis (Georg Philipp Friedrich Freiherr von Hardenberg, 1772–1801) wesentliche Impulse, als er am Ausgang des 18. Jahrhunderts im 30 Kilometer südwestlich gelegenen Weißenfels seine Poesien verfaßt.

Alle bekannten deutschen Musiker waren hier. Ist Leipzig denn nicht die Hauptstadt der Musik? Sie muß es wohl sein, da doch hier Johann Sebastian Bach von 1723 bis zum seinem Tod 1750 komponiert, den Thomanerchor leitet und in der Thomaskirche begraben wird, 1813 Richard Wagner geboren wird, Felix Mendelssohn-Bartholdy von 1835 an über ein Jahrzehnt das Gewandhausorchester dirigiert und die Stadt zum unumstrittenen musikalischen Mittelpunkt Deutschlands macht, Albert Lortzing 1837 „Zar und Zimmermann“ und 1842 den „Wildschütz“ uraufführt, Robert Schumann und Clara Wieck 1840 heiraten und glückliche, aber auch unglückliche Jahre verleben, 1916 Max Reger in einem Hotelzimmer an den Folgen eines Nervenleidens unerwartet stirbt, sich Franz Liszt, Carl Maria von Weber und Gustav Mahler im 19. Jahrhundert ein Stelldichein geben. Wenige Kilometer von Leipzig entfernt wird 1607 in Gräfenhainichen Paul Gerhardt, 1685 in Halle an

der Saale Georg Friedrich Händel und hundert Jahre zuvor in Köstritz der Kirchenmusiker Heinrich Schütz geboren.

Mit dem Gewandhausorchester besitzt Leipzig einen der ältesten und berühmtesten Klangkörper der Welt und mit dem Thomanerchor einen herausragenden Kirchenchor.

Zur Messezeit beeindruckt Leipzig durch sein internationales Flair: Ein Meer von bunten Fahnen flattert im Wind, dichte Menschentrauben drängen sich durch die geschäftigen Straßen, betrachten die stattlichen Bürgerhäuser in der Innenstadt,

Im Jahr 1785 weilte Friedrich Schiller einen Sommer lang in Leipzig und dichtete hier die erste Fassung des „Liedes an die Freude“. Er wohnte in einem kleinen Bauernhaus aus der Zeit um 1700 in der Menckestraße 42 in Leipzig-Gohlis. Häufig wohnte auch der Verleger Georg Joachim Göschen im Erdgeschoß.

In 1785 Friedrich Schiller spent the summer in Leipzig, where he wrote among other things the first draft of his "Ode to Joy." He stayed at a small farmhouse built in around 1700 at Menckestrasse 42 in the Gohlis district of Leipzig. The publisher Georg Joachim Göschen often stayed on the ground floor.

Leipzig is in the centre, in central Germany, in central Europe.
Like the Saxon capital, Dresden, Leipzig was and remains a city of culture. Scarcely a German philosopher has not been in the city, scarcely a writer has not been inspired by it. Johann Wolfgang von Goethe, 1749–1832, was neither the first nor the last to sing the praises of Leipzig and its people. "You can't beat my Leipzig! It's a little Paris and educates its people," he writes in "Faust", testifying to the city's cosmopolitan outlook, prosperity and progress. Not for nothing did his father send him in 1765 from Frankfurt to study in Leipzig. He was to receive an education there, to learn manners and to lose his Hesse dialect. All except the last seem to have succeeded. The fact that his main interest beyond that was in the fair sex is another story. A likeness of the writer outside the Alte Börse (Old Stock Exchange) on Naschmarkt is designed to recall his fiery student days. His girlfriends of the time, how could it be otherwise, are still honoured today, and for generations literary experts have racked their brains over the effects of these Leipzig girls on Goethe's work.

Exactly twenty years after Goethe's arrival in the city, Friedrich von Schiller, 1759–1805, spent a summer in Leipzig. Invited by admirers, he unquestionably enjoyed his time there. It is therefore perhaps no coincidence that during his stay in Leipzig he composed the first draft of his "Ode to Joy," which Ludwig van Beethoven, 1770–1827, later set to music in the last movement of his ninth symphony, the Choral. A small, unprepossessing farmhouse with thick mud walls and hefty timber beams in Menckestrasse, No. 42, in the Gohlis district of Leipzig, where Schiller lived, recalls his visit to the city. But in 1749, long before the two famous classical writers of German literary history came to Leipzig, Gotthold Ephraim Lessing, just as important a writer in his day, praised the city in a letter to his mother as a place "where one can see the whole world in miniature." Towards the end of the

eighteenth century, the poet Novalis (Georg Philipp Friedrich Freiherr von Hardenberg, 1772–1801) gave the world of German Romanticism significant momentum as he wrote his verses in Weissenfels, 30 kilometres south-west of Leipzig.
All the well-known German musicians came there. Is Leipzig then not the musical capital? Surely it has to be. From 1723 to 1750 Johann Sebastian Bach composed and conducted the Thomaner choir and lies buried in the Thomaskirche (St Thomas's Church). Richard Wagner was born there in 1813, from 1835 Felix Mendelssohn-Bartholdy conducted the Gewandhaus Orchestra for over a decade, making Leipzig Germany's undisputed musical centrepoint. In 1837 Albert Lortzing gave the first performance of the opera "Zar und Zimmermann," followed by "Der Wildschütz" in 1842. In 1840 Robert Schumann and Clara Wieck married there and spent some happy and unhappy years in the city. In 1916 Max Reger died unexpectedly in a Leipzig hotel room of the consequences of a nervous complaint. In the nineteenth century Franz Liszt, Carl Maria von Weber and Gustav Mahler came together here. Just a few kilometres from Leipzig, Paul Gerhardt was born in 1607 in Gräfenhainichen, Georg Friedrich Händel in 1685 in Halle an der Saale and the church musician Heinrich Schütz a hundred years earlier in Köstritz.
In the Gewandhaus Leipzig boasts one of the oldest and most famous orchestras in the world, and in the Thomanerchor an outstanding church choir.

At trade fair time, Leipzig impresses with its international flair. A sea of colourful flags flutters in the wind, throngs of people push their way through the busy streets, looking at the fine town-houses in the city centre, walking round exquisite shops, disappearing into elegant arcades and thronging the nooks and crannies of the trade fair buildings. Street musicians strike up. Languages from all over the world are spoken. On mild evenings people sit in beer-gardens and street cafes where,

Im Inneren des Neuen Gewandhauses befindet sich ein etwa 700 Quadratmeter großes Wand- und Deckengemälde, das durch die gläserne Front bei abendlicher Beleuchtung auch die vor dem Gebäude stehenden Betrachter beeindruckt. Das vierteilige Bild von Sighard Gille behandelt die Themen Orchester, Mächte der Finsternis, Lied der Stadt und Lied vom Glück.

When illuminated at night, the huge, almost 700-square-metre wall and ceiling painting in the Neues Gewandhaus is most impressive seen from outside through the building's glass facade. The picture by Sighard Gille is divided into four parts, the Orchestra, the Powers of Darkness, the Song of the City and the Song of Happiness.

bummeln durch exquisite Geschäfte und verschwinden in eleganten Passagen und verwinkelten Messehöfen. Straßenmusikanten spielen auf, und Sprachen aus aller Herren Länder sind zu hören. An lauen Abenden sitzt man in Biergärten und Straßencafés, wo man schnell und unkompliziert mit seinem Gegenüber ins Gespräch kommen kann. Wenn nicht, lädt der jahrhundertealte Markt mit seinen historischen Hausfassaden zum Flanieren ein. Besonders eindrucksvoll ist diese Vitalität und Vielfalt auch in der Petersstraße, auf dem Neumarkt, in der Grimmaischen Straße und auf dem Sachsenplatz spürbar. Die Messe ist der Puls der Stadt. Sie prägt wie kein anderes Ereignis Leipzigs Charakter. Dies war vor

Jahrhunderten so und wird künftig so bleiben, auch wenn gegenwärtig die Konkurrenz unter den deutschen Messestädten erheblich ist und der Wind Leipzig kräftig ins Gesicht bläst.

Seit jeher gibt es eine Rivalität zwischen Leipzig und Dresden. Mit größtem Argwohn schielen die Leipziger auf jene Stadt, in der alle Entscheidungen fallen, auch die, die Leipzig betreffen. Und umgekehrt ist es wohl kaum anders. Beide sächsischen Metropolen nehmen sich in ihrer Bedeutung nicht viel, deshalb ist sicher auch die Konkurrenz so groß: In der einen wird geherrscht, verwaltet, hier war der reiche Adel zuhause, die andere ist geschäftig und betriebsam, hier weht der Wind der großen weiten Welt. Eine alte sächsische Redensart besagt, daß das Geld in der Arbeiterstadt Chemnitz verdient, mit ihm in der Messestadt Leipzig gehandelt und es schließlich in der Residenzstadt Dresden ausgegeben wird.

Gustav Freytag, der berühmte Kulturhistoriker und Schriftsteller (1816–95), schrieb zur Beziehung zwischen Leipzig und Sachsen: „Es ist eine friedliche Stadt

von stillem Frohsinn, freundlich für Fremde und aller Welt angenehm: Sie ist nicht Hauptstadt ihres Königreiches, aber es kann wohl sein, dass der Chinese oder gebildete Sandwichinsulaner mehr von ihr weiß als von dem Staate, zu welchem sie gehört." Das hätte August dem Starken (1670–1733) sehr mißfallen, aber den Leipziger freut es. Und dem ist nichts hinzuzufügen.

Alte Patrizierhäuser säumen die zum Markt führende Katharinenstraße. Im frühen 18. Jahrhundert standen hier allein 30 Kaffeehäuser. Das bekannteste war die Café-Konditorei „Cather", das „Kuchenherz Leipzigs".

Katharinenstrasse, leading to the market square, is lined by old patrician houses. In the early eighteenth century it had no fewer than 30 coffee-houses, best-known among them the Cafe-Konditorei Cather, the "cake heart of Leipzig."

as long as you find a free seat, you can quickly and easily get talking to your neighbour. If not, you can always take a stroll round the centuries-old market square with its historical facades. You have a particularly impressive sense of this vitality and variety in Petersstrasse, Neumarkt, Grimmaische Strasse and Sachsenplatz, too. The Fair is the pulse of the city. It stamps Leipzig's character like no other event. This has been so for centuries and will remain so in future, even though the current keen competition from other German trade fair cities means Leipzig is battling against a strong headwind.

There has always been rivalry between Leipzig and Dresden. Leipzigers look with great suspicion at the city where all decisions are made, even those which affect Leipzig. The opposite no doubt applies to no lesser degree. In importance there is little to choose between Saxony's two major cities, which is probably why the competition is so fierce. One is the city of government and administration, the former seat of the wealthy nobility. The other is a bustling, busy place swept by the wind of the big, wide world. There is an old Saxon saying that money is earned in the industrial city of Chemnitz, traded with in the commercial city of Leipzig and finally spent in the government seat of Dresden. Gustav Freytag, 1816–95, the famous cultural historian and writer, once described the relationship between Leipzig and Saxony as follows: "It is a peaceful city of quiet cheerfulness, friendly to strangers and likeable to all. It may not be the capital of a kingdom, but it could be that a Chinaman or an educated Sandwich Islander knows more about it than about the state to which it belongs." Augustus the

Strong, 1670–1733, would not have liked that at all, but it pleases the Leipzigers. And that is that.

Obstmarkt in der Petersstraße am Eingang zum Markt. Im Hintergrund ist rechts die 1555 erbaute Alte Waage zu sehen, in der zu jeder Messe die Waren gewogen, geprüft und verzollt wurden. 1963/64 wurde das im Zweiten Weltkrieg zerstörte Gebäude mit seinem gestuften Giebel wieder aufgebaut.

Fruit market in Petersstrasse at the entrance to the market square. In the background is the Alte Waage, dating back to 1555, where goods were weighed and checked and duty paid at the time of the fair. The building was destroyed in World War II, but rebuilt complete with its stepped gable in 1963/64.

Die Alte Börse am Nasch-
markt unmittelbar hinter dem
Alten Rathaus, wo früher
Lebensmittel und Obst verkauft wurden, ist Leipzigs
schönster Barockbau. Davor
steht das Denkmal des jungen Goethe, der hier von
1765 bis 1768 studierte. Zwei
Medaillons am Sockel des
Denkmals weisen auf seine
beiden Freundinnen aus
der Leipziger Zeit hin: Das
Porträt der hübschen Wirtstochter Käthchen Schönkopf
befindet sich an der Ostseite,
das von Friederike Oeser,
der intelligenten Tochter des
Akademiedirektors, an der
Westseite.

The Alte Börse (Old Stock
Exchange) on Naschmarkt
directly behind the Altes
Rathaus, where groceries
and fruit were once sold, is
Leipzig's finest Baroque
building. In front of it stands
the statue of the young
Goethe, who studied here
from 1765 to 1768. Two
medallion portraits on the
monument pedestal recall his
Leipzig girlfriends of the
time – to the east the pretty
landlord's daughter Käth-
chen Schönkopf, and to the
west Friederike Oeser, the
intelligent daughter of the
academy director.

Die weltberühmte spätgotische Thomaskirche war
die Wirkungsstätte Johann
Sebastian Bachs, der hier
von 1723 bis 1750 unermüd-
lich musizierte, komponierte,
dirigierte und lehrte. Im
Hintergrund die Orgel aus
dem Jahre 1884. Eine neuere,
hier nicht sichtbare Orgel
erhielt die Kirche 1967. Sie
entspricht dem Klangideal
der Bachschen Zeit.

The world-famous Gothic
church of St Thomas was
the workplace of Johann
Sebastian Bach, who tireless-
ly played music, composed,
conducted and taught there
from 1723 to 1750. The organ
in the background dates back
to 1884. In 1967 the church
was given a newer organ,
not visible in the picture, the
tone of which matches the
ideal in Bach's time.

Felix Mendelssohn-Bartholdy, der das Gewandhausorchester zu Weltruhm führte, wohnte lange in der Goldschmidt-straße 12, wo er auch 1847 starb. In seinem ehemaligen Wohnhaus befindet sich ein Museum mit einem sehr an-heimelnden Musikzimmer. Dem Gewandhauskapellmei-ster ist es zu verdanken, daß die bereits vergessene Musik Johann Sebastian Bachs wiederentdeckt wurde und im Konzertleben den ihr gebührenden Platz erhielt.

Felix Mendelssohn-Bartholdy, who took the Gewandhaus Orchestra to world fame, lived for many years at Gold-schmidtstrasse 12 before dy-ing there in 1847. His former home now houses a museum with a most homely music room. We have Mendelssohn to thank for the fact that the music of Johann Sebastian Bach, by that time forgotten, was rediscovered and found its fitting place in musical life.

Leipzigs Neue Messe im Norden der Stadt wurde nach der Wiedervereinigung Deutschlands 1990 auf der grünen Wiese konzipiert und in einer Rekordbauzeit von fünf Jahren fertiggestellt. Die gigantische und geräumige Glashalle befindet sich im Zentrum eines hypermodernen Ausstellungs- und Kongreßkomplexes, der eine Fläche von 1,8 Millionen Quadratmetern umfaßt. Seit Jahrhunderten ist die Messe der Puls der Stadt.

After German reunification in 1990, Leipzig's new Messe or trade fair complex was designed and built on a greenfield site within just a few years. The gigantic, spacious glass hall is at the centre of an ultra-modern exhibition and congress complex covering an area of 1.8 million square metres. For centuries, the Messe has been the pulse of the city.

Ausgesprochen reizvoll ist die Gegend um das Barfußgäßchen, das vom Markt ausgeht. In einem der prachtvollen Bürgerhäuser lädt die Gaststätte „Zill's Tunnel" zum Verweilen ein (links), in der man nicht nur zur Sommerszeit gemütlich speisen kann. Auch in der weiteren Umgebung stehen wunderschöne alte Häuser mit überbordendem Fassadenschmuck und einladenden Innenhöfen.

The district around Barfussgässchen (Barefoot Alley), which runs off the market square, is quite delightful. In one of the splendid town houses is the "Zill's Tunnel" inn (left), a good place for a drink or a meal in a congenial atmosphere, and not just in summer time. The surrounding area, too, boasts some wonderful old buildings with highly ornate facades and inviting courtyards.

Blick auf den Nikolaikirchhof vom Turm der Nikolaikirche aus gesehen. Auf dem Platz steht die Nachbildung einer Säule aus dem Kirchenschiff der Nikolaikirche. Sie soll an die Montagsdemonstrationen erinnern, die von hier im Herbst 1989 ihren Ausgang genommen und wenig später zum Sturz der DDR geführt haben. In das Pflaster des Nikolaikirchhofs wurden 144 verschiedenfarbige Glaswürfel eingelassen, die in der Abenddämmerung nach und nach zugeschaltet werden und das Aufwachen der friedlichen Protestbewegung symbolisieren sollen.

A view of the Nikolaikirchhof from the tower of the Nikolaikirche (St Nicholas' Church). A reproduction of a pillar in the nave of the Nikolaikirche stands in the square. It was built to commemorate the Monday demonstrations that began here in the autumn of 1989, soon leading to the collapse of the East German communist regime. 144 glass cubes in different colours were set in the pavement of the Nikolaikirchhof and are switched on one after another at dusk to symbolise the awakening of the peaceful protest movement.

D ie Burg, aus der sich Leipzig entwickelt hat, wird erstmalig 1015 von dem Geschichtsschreiber und Bischof Thietmar von Merseburg erwähnt und dürfte anläßlich der Ostexpansion des ersten deutschen Königs, des Sachsen Heinrich I. (um 875–936), gegründet worden sein. Es wird angenommen, daß sich diese Burganlage in Höhe der Großen Fleischergasse, im Nordwesten des alten Stadtkerns, befunden hat. Zur damaligen Zeit wird in der Leipziger Umgebung ein ganzes Burgensystem errichtet. Es dient dem Schutz vor slawischen Überfällen und zugleich als Basis des weiteren Machtausbaus über die Grenzen hinweg. Sehr bald lassen sich neben der Burg Handwerker und Kaufleute nieder, so daß die Siedlung 1165 Stadtrecht erhält. Leipzig ist demnach weit über 800 Jahre alt.

Der Stadtbrief hat die Größe einer Postkarte und ist eine der ältesten Aufzeichnungen bürgerlich-feudalen Rechts in Deutschland. In ihm wird bereits das für die weitere Entwicklung der Stadt so bedeutsame Marktprivileg erteilt. Es garantiert, daß in einer Bannmeile von etwa 15 Kilometern kein anderer Markt abgehalten werden darf und ist somit die Grundlage der Leipziger Messen. Im 12. Jahrhundert werden durch die Gewährung von zahlreichen Vergünstigungen planmäßig deutsche Bauern in der Umgebung Leipzigs angesiedelt.

Die eigentliche Gründung des Ortes ist aber wie viele andere im sächsischen Raum eine slawische: Der Name Leipzigs geht zurück auf das sorbische Wort *lipa* (Linde) und bedeutet soviel wie „Ort bei den Linden". Die günstige Entwicklung der Stadt wird durch ihre Lage an der Kreuzung von zwei wichtigen Handelsstraßen begründet: Die Reichsstraße *(via imperii)* von Norden nach Süden sowie die Königsstraße *(via regia)* von Westen nach Osten. Wo sie aufeinandertreffen, befindet sich heute der rechteckige Marktplatz.

Die ganze, etwa 48 Hektar umfassende und ehemals mit einer Mauer umgebene Stadtanlage wird allerdings nicht sofort, sondern allmählich und schrittweise in Form von parallel zueinander verlaufenden Straßen erbaut. Auch heute noch ist dieser alte Stadtkern mit seinem typischen Straßennetz gut erkennbar. Er wird von einer nicht ganz vollständigen ringförmigen Parkanlage umgeben.

Im Jahre 1268 stellt der wettinische Markgraf Dietrich von Landsberg eine weitere wichtige Urkunde aus, in der den Kaufleuten an Leipziger Markttagen ein besonderer Schutz und bemerkenswerte wirtschaftliche Vergünstigungen zugesichert werden. Später erweitert der sächsische Kurfürst Friedrich der Sanftmütige (1412–64) durch einen speziellen Geleitschutzbrief für Handelsreisende von und nach Leipzig diese Rechte. Die nun am Neujahrs- und Michaelistag (29. September) sowie zu Ostern abgehaltenen Märkte werden durch kaiserliches Privileg 1497 und 1507 bestätigt, so daß Leipzig bald die traditionellen Handelszentren Nürnberg und Frankfurt überflügelt. An die Stärkung des Messestandorts und die Erhebung zur Reichsstadt durch Kaiser Maximilian I. (1459–1519) erinnert dessen überlebensgroßes Bronzestandbild von dem Leipziger Bildhauer Carl Seffner (1861–1932) am Ostflügel des wunderschön restaurierten Städtischen Kaufhauses in der Universitätsstraße.

Leipzig wird während des Dreißigjährigen Krieges (1618–48) mehrfach belagert, beschossen, eingenommen, und es leidet auch erheblich unter seinen schwedischen Besatzern. Südwestlich von Leipzig tobt im November 1632 die Schlacht bei Lützen, in der Truppen des schwedischen Königs Gustav II. Adolf (1594–1632) mit dem Heer des kaiserlichen Generals Wallenstein (1583–1634) aufeinanderprallen. An der Bundesstraße 87 von Leipzig nach Weißenfels steht dort, wo der schwedische König auf dem Schlachtfeld den Tod fand, eine beeindruckende Gedächtniskapelle und davor ein Gedenkstein unter einem gußeisernen Baldachin, entstanden nach den Plänen des klassizistischen Baumeisters Karl Friedrich Schinkel (1781–1841). Die Gedächtnisstätte ist bis heute schwedisches Hoheitsgebiet. Leipzig und seine Messe erleben nach dem Krieg einen bemerkenswerten und schnellen Aufschwung; die Einwohnerschaft wächst innerhalb von nur fünf Jahren von 14 000 auf 32 000 an.

Im Jahre 1969 wurde das 143 Meter hohe Universitätshochhaus eingeweiht, das 34 Geschosse umfaßt und wie ein aufgeschlagenes Buch konzipiert ist.

The 143-metre, 34-storey university tower was opened in 1969 and is designed to recall an open book.

The castle from which Leipzig took shape was first mentioned in 1015 by historian and bishop Thietmar von Merseburg and was probably founded on the occasion of the first eastward expansion by the first German king, the Saxon Henry I, c. 875–936. The castle complex is believed to have been located in the north-west of the old heart of the city, on a level with Grosse Fleischergasse. In those days a whole system of fortresses was erected in the area around Leipzig, to serve both as protection from Slav attacks and as a base for cross-border expansion. Soon craftsmen and merchants settled near the castle, and in 1165 the settlement was granted its town charter. Hence Leipzig is well over 800 years old.

The postcard-sized town charter is one of the earliest records of bourgeois-feudal law in Germany. It already bestows the market rights that were to be so important for the town's further development. By guaranteeing that no other market could be held within a radius of around 15 kilometres, it laid the foundation for the Leipzig fairs. In the twelfth century, the granting of numerous privileges led to the planned settlement of German farmers in the surroundings of Leipzig.

However, like so many other places in Saxony, the town's foundation was actually Slavic. Leipzig's name is derived from the Sorbian word "lipa" (linden), and means something like "place near the lindens." Leipzig's favourable development was based on its location at the crossroads of two important trade routes, the *via imperii* from north to south and the *via regia* from west to east. The market square now marks the point where the two routes intersected. However, the town, which covered an area of around 48 hectares and was formerly surrounded by a wall, did not grow up overnight, but was built gradually and step-by-step in the form of streets running parallel to each other. To this day this old town core with its typical network of streets is still easily recognisable. Nowadays it is surrounded by a not quite complete circle of parkland.

In 1268 the Wettin margrave Dietrich von Landsberg issued another important document guaranteeing merchants particular protection and remarkable economic privileges on Leipzig market days. Frederick the Gentle, Elector of Saxony, 1412–1464, later extended these rights by granting a special document of safe conduct to commercial travellers to and from Leipzig. In 1497 and 1507 the markets, which by now were held on New Year's Day, St Michael's Day (29 September) and at Easter, were confirmed by imperial privilege, so that Leipzig soon surpassed the traditional centres of commerce, Nuremberg and Frankfurt. Leipzig's strengthening as a fair venue and its promotion to a free imperial city by Emperor Maximilian I, 1459–1519, are commemorated by a larger-than-life bronze statue of the emperor by the Leipzig sculptor Carl Seffner, 1861–1932, which stands by the east wing of the wonderfully restored Städtisches Kaufhaus in Universitätsstrasse.

During the Thirty Years' War, 1618–1648, Leipzig was several times besieged, bombarded and captured, and suffered considerably under its Swedish occupiers. In 1632 a clash took place between the troops of the Swedish king Gustav II Adolf, 1594–1632, and the imperial army under General Wallenstein, 1583–1634, at the Battle of Lützen southwest of Leipzig. On federal highway 87 from Leipzig to Weissenfels an impressive memorial chapel with a memorial stone outside it beneath a cast-iron baldachin, designed by the classical architect Karl Friedrich Schinkel, 1781–1841, stands on the spot where the Swedish king met his death. Still today the memorial site is Swedish sovereign territory. After the war Leipzig and its fair experienced a remarkable and rapid upswing. In just five years the town's population increased from 14,000 to 32,000.

In the Seven Years' War, 1756–63, in which Austria, supported by most of the European powers including Saxony, fought against Prussia to regain Silesia, Leipzig was once again severely ravaged, this time by the Prussian troops of Frederick the Great, 1712–86. In the decades that followed the Prussian kings tried

Die überlebensgroße Bronzestatue Kaiser Maximilians I. von C. Seffner steht am Ostflügel des Städtischen Kaufhauses in der Universitätsstraße. Durch seine kaiserlichen Privilegien wurde Leipzig zu Beginn des 16. Jahrhunderts zum führenden Messestandort in Deutschland.

C. Seffner's larger-than-life bronze statue of Emperor Maximilian I stands by the east wing of the Städtisches Kaufhaus (Municipal Store) in Universitätsstrasse. Thanks to the privileges granted by the Emperor, in the early 16th century Leipzig became Germany's leading trade fair centre.

Im Siebenjährigen Krieg (1756–63), in dem Österreich zusammen mit den meisten europäischen Mächten, unter anderem auch mit Sachsen, um die Wiedergewinnung Schlesiens gegen Preußen kämpft, wird Leipzig erneut schwer heimgesucht, diesmal allerdings von den preußischen Truppen Friedrichs des Großen (1712–86). Im späteren Verlauf versuchen die preußischen Könige mehrfach, aber stets vergeblich, die Bedeutung der Leipziger Messe zugunsten der in Breslau zu untergraben.

Zu Anfang des 15. Jahrhunderts wird in Böhmen die nationale Opposition gegen die deutsche Vorherrschaft stärker, und im religiösen Leben breitet sich das hussitische Gedankengut weiter aus. Aus Protest dagegen ziehen die deutschen Professoren und Studenten der Prager Universität 1409 nach Leipzig, um hier eine neue Alma mater zu errichten. Sie ist heute nach Heidelberg die zweitälteste in Deutschland und hat viele berühmte Lehrer und Studenten hervorgebracht. 1539 wird die theologische Fakultät lutherisch, als Martin Luther (1483–1546) zu Pfingsten des gleichen Jahres in der Thomaskirche die Reformation einleitet.

Überhaupt spielt Leipzig in der Reformationsbewegung eine herausragende Rolle. In der alten Leipziger Pleißenburg diskutieren in der Zeit vom 27. Juni bis 15. Juli 1519 Martin Luther, der mit 200 bewaffneten Studenten aus Wittenberg anreist, und der Ingolstädter Theologieprofessor Johannes Eck denkwürdig über den Ablaßhandel und die Allmacht des Papstes. Dabei gelingt es Eck, Luthers Argumenten erfolgreich entgegenzutreten. Einige Jahre später triumphiert allerdings der große Reformator. An gleicher Stelle, denn 1839 bis 1905 entsteht auf dem Gelände der Pleißenburg das Neue Rathaus, ist von 1930 bis 1937 Carl Friedrich Goerdeler als Oberbürgermeister tätig. Er spielt im antifaschistischen Widerstand und vor allem im Zusammenhang mit dem Attentat auf Hitler am 20. Juli 1944 eine dominierende Rolle und wird in Berlin-Plötzensee hingerichtet. In Leipzig genießt er nach wie vor sehr hohes Ansehen.

Im Oktober 1813 wird in Leipzig und seiner Umgebung die bis dahin größte Schlacht der Neuzeit ausgetragen. Ihr Ausgang beeinflußt maßgeblich die Ge-

schicke der Stadt: Nach dem gescheiterten Rußlandfeldzug sammelt Napoleon zum letzten Mal seine Truppen, um sie gegen die Allianz von Preußen, Österreich und Rußland ins Feld zu führen. Er verliert die Entscheidungsschlacht vom 16. bis 19. Oktober, in der über 100 000 Soldaten den Tod finden. Den Ereignissen der Völkerschlacht sind im Umland und in der Stadt Leipzig über 100 Erinnerungsstätten gewidmet. Sie stellt eine große Inzisur in der Stadtgeschichte dar.

Nach der Völkerschlacht fordert Ernst Moritz Arndt (1769–1860), der Schriftsteller und leidenschaftliche Kämpfer für eine nationale Einigung Deutschlands, „daß auf den Feldern bei Leipzig ein Ehrenmal errichtet werden muß, das dem spätesten Enkel noch sage, was daselbst im Oktober 1813 geschehen... Soll es geschehen, so muß es groß und herrlich seyn, wie ein Koloß, eine Pyramide, ein Dom zu Köln". Zur Einhundertjahrfeier wird in der Tat dieser 91 Meter hohe „Dom" aus Granit von den Herrschern der beteiligten Siegernationen auf dem ehemaligen Schlachtfeld eingeweiht. Er stellt das bisher größte Denkmal in Europa dar; finanziert wird es durch Spenden aus dem Volk.

Das Völkerschlachtdenkmal ist als Grabturm in Form einer steil aufragenden Pyramide mit Aussichtsplattform angelegt, zu der 364 Stufen führen. Am Haupteingang wird ein monumentales Schlachtenrelief in den Stein gehauen, aus dem sich die Figur des Erzengels Michael über elf Meter hoch erhebt. Unterhalb der Denk-

malskrone stehen zwölf auf ihr Schwert gestützte Soldaten. Im Fundament befindet sich die Krypta, die gemeinsame Grabstätte der Gefallenen, mit einer einzigartigen Akustik. Über der Krypta erhebt sich die Ruhmeshalle mit vier knapp zehn Meter großen Sitzfiguren. Vor dem Denkmal erstreckt sich ein flaches Wasserbecken, in dem sich der gewaltige Koloß spiegelt und dabei eine geradezu beängstigende Wirkung entfaltet. Am eindrucksvollsten ist der Blick aus der Ferne, wunderschön aber auch die Aussicht von oben. Zu DDR-Zeiten wird das Völkerschlachtdenkmal zum Symbol für die deutsch-sowjetische Waffenbrüderschaft.

Auf den Grundmauern der alten Pleißenburg wurde 1905 das Neue Rathaus im historisierenden Stil mit 600 Räumen und einem 115 Meter hohen Turm von Hugo Licht errichtet. Im Vorgängerbau diskutierten im Jahre 1519 denkwürdig Martin Luther und der Theologieprofessor Johannes Eck.

The Neues Rathaus was built in 1905 on the foundations of the old Pleissenburg castle. Designed in historicist style by Hugo Licht, it boasts 600 rooms and a 115-metre tower. In 1519 its predecessor was the scene of the famous debates between Martin Luther and the theology professor Johannes Eck.

repeatedly, but always in vain, to undermine the importance of the Leipzig fair in favour of the one held in Breslau (Wroclaw).

At the beginning of the fifteenth century, the national opposition to German supremacy in Bohemia grew stronger and Hussite religious ideology gained ground. In protest, in 1409 the German professors and students at Prague University moved to Leipzig, where they founded a new "alma mater." Today, Leipzig University is the second-oldest in Germany after Heidelberg, and has produced many famous teachers and students. In 1539 the theological faculty became Lutheran when Martin Luther, 1483–1546, introduced the Reformation in the Thomaskirche at Whitsun that year.

Leipzig played an outstanding role in the Reformation movement as a whole. From 27 June to 15 July 1519 Martin Luther, who had travelled from Wittenberg accompanied by 200 armed students, and the Ingolstadt professor of theology Johannes Eck held a disputation in the old Leipzig Pleissenburg castle about the trade in indulgences and Papal infallibility. Though Eck succeeded in countering Luther's arguments, some years later the great Reformer triumphed.

From 1930 to 1937, in the same place – for between 1839 and 1905 the Neues Rathaus (New City Hall) was built on the site of the Pleissenburg – Carl Friedrich Goerdeler was mayor. Goerdeler played a leading role in the anti-fascist resistance and the 20 July Movement in 1944, and was executed in Plötzensee in Berlin. In Leipzig he is still held in very high esteem.

In October 1813 the greatest battle of the modern age took place in Leipzig and its environs. Its outcome crucially influenced the city's fate. After the failure of his Russian campaign Napoleon rallied his troops one last time to go into battle against the alliance of Prussia, Austria and Russia. Between 16 and 19 October Napoleon lost the decisive battle, in which more than one 100,000 soldiers gave their lives. More than 100 memorial sites in and around Leipzig are dedicated to the events of this Battle of the Nations, which marked a decisive point in the city's history.

After the Battle of the Nations, the writer Ernst Moritz Arndt, 1769–1860, a passionate champion of German national unity, wrote: "A monument must be erected on the fields near Leipzig which will tell even the youngest descendant what happened there in October 1813... If it is built, it must be large and magnificent like a colossus, a pyramid, a cathedral in Cologne." And indeed, to mark the centenary of the battle, a 91-metre "cathedral" of granite was dedicated on the former battlefield by the rulers of the victorious participating nations. It was the largest memorial in Europe, and the money to build it was raised by public donations.

The Battle of the Nations monument is designed as a mausoleum tower in the shape of a steep pyramid with a viewing platform at its peak, reached by climbing 364 steps. At the main entrance a monumental battle relief is carved in the stone, with the figure of the Archangel Michael rising more than eleven metres out of it. Beneath the monument's crown twelve soldiers stand leaning on their swords. In the foundation is the crypt, the common burial place of the fallen, which has extraordinary acoustics. Above the crypt is the Hall of Fame, which contains four seated figures, each almost 10 metres tall. A shallow pool of water stretches out in front of the monument, whose colossal reflection in it creates an almost frightening effect. Most impressive of all is the view from a distance, though the view from on top is also superb. In the days of the German Democratic Republic the Battle of the

Nations monument became a symbol of German-Soviet comradeship in arms.

Another jewel recalling the Battle of the Nations is the Russian memorial church of St Alexy about a kilometre from the monument towards the city centre, close by the Deutsche Bibliothek, or German Library. Built in 1913 by the Russian state and from private donations in memory of the 22,000 Russians who fell in the battle, the church's gilded dome makes it stand out from afar, as well as pointing to its sumptuous interior.

Das 91 Meter hohe Völkerschlachtdenkmal, ein Grabturm mit Aussichtsplattform, zu der 364 Stufen führen, wurde 1913 zur Jahrhundertfeier der Völkerschlacht zu Leipzig eingeweiht. Die Niederlage der napoleonischen Truppen gegen die Verbündeten Armeen Preußens, Rußlands und Österreichs leitete die Restauration ein.

The Battle of the Nations Monument, a 91-metre mausoleum tower with 364 steps leading up to a viewing platform. It was inaugurated in 1913 to mark the centenary of the Battle of the Nations at Leipzig. The defeat of the Napoleonic troops by the allied armies of Prussia, Russia and Austria marked the start of the Restoration.

Ein Kleinod zur Erinnerung an die Völkerschlacht ist auch die russische St. Alexi-Gedächtniskirche, die etwa einen Kilometer vom Völkerschlachtdenkmal in Richtung Stadtzentrum entfernt in unmittelbarer Nähe der Deutschen Bücherei liegt. Sie wird 1913 vom russischen Staat und aus privaten Spenden zum Gedenken an die 22 000 in der Völkerschlacht gefallenen Russen erbaut. Durch eine vergoldete Kuppel schon von weitem sichtbar, weist sie im Inneren eine prächtige Ausstattung auf.

Die Entwicklung der Stadt verläuft im 18. und 19. Jahrhundert ausgesprochen positiv und stürmisch. Die Leipziger Messe bewährt sich als Mittler zwischen Ost und West, wird zum „Marktplatz Europas", aber auch durch den anwachsenden Büchermarkt zum „literarischen Stapelplatz" Deutschlands. Der Leipziger Verleger Göschen gibt Werke von Goethe, Klopstock und Wieland heraus. Buchhändler und Verleger tragen zur weiten Verbreitung fortschrittlichen Ideenguts

Als Erinnerung an die in der Völkerschlacht gefallenen 22 000 Russen wurde 1913 die St. Alexi-Gedächtniskirche vom russischen Staat mit Hilfe privater Spenden erbaut. Das dem Nowgoroder Stil des 16. Jahrhunderts nachempfundene Gotteshaus hat eine vergoldete Kuppel und eine prächtige Innenausstattung.

The St Alexi Memorial Church was built in 1913 in memory of the 22,000 Russians who died in the Battle of the Nations. Financed by the Russian state and with the help of private donations, its architecture is based on the sixteenth-century Novgorod style, with a gilt cupola and sumptuous interior.

bei. 1871 zählt Leipzig über 100 000 Einwohner und wird immer mehr zu einer führenden Industriestadt des im selben Jahr gegründeten Deutschen Reichs. Die Großproduktion ist die wichtigste Ursache für die Ablösung der klassischen Warenmesse durch eine völlig neue Messeform, die Mustermesse, die von Leipzig ihren Ausgang nimmt. Zu Beginn des letzten Jahrhunderts war die sächsische Metropole die viertgrößte in Deutschland.

Da im Verlauf der zweiten Hälfte des 19. Jahrhunderts auch vor Leipzig die intensive Industrialisierung nicht Halt macht, kommt es zur Ausbildung einer starken Arbeiterbewegung. Aus diesem Grund siedeln 1860 August Bebel (1840–1913) und 1865 Wilhelm Liebknecht (1826–1900) nach Leipzig über. Am 13. August 1871 wird Liebknechts Sohn Karl in einem einfachen, unscheinbaren Haus in der Braustraße geboren; die Taufe findet in der Thomaskirche statt, Karl Marx reist – trotz seiner atheistischen Grundüberzeugung – eigens aus London an, um die Patenschaft zu übernehmen. Karl Liebknecht ist 1914 der einzige Sozialdemokrat, der im Reichstag gegen die Kriegskredite stimmt, er wird 1919 gemeinsam mit Rosa Luxemburg in Berlin ermordet.

1863 wird im Leipziger „Pantheon", einer Gaststätte an der Ecke Dresdner Straße/Gerichtsweg, der Allgemeine Deutsche Arbeiterverein gegründet, dessen erster Präsident Ferdinand Lassalle (1825–64) wird. Nach dessen Tod spalten sich Bebel und Liebknecht ab und gründen 1869 die Sozialdemokratische Arbeiterpartei in Eisenach.

Noch in den ersten Jahrzehnten des letzten Jahrhunderts sucht Leipzig als Messestandort in der Welt seinesgleichen, bevor unter kommunistischer Herrschaft diese Sonderstellung nicht mehr gehalten werden kann. Ähnliches gilt auch für die in Deutschland einmalige Konzentration von Verlagen und für den Handel mit Rauchwaren (Pelze), der vor dem Zweiten Weltkrieg nach London und New York der bedeutendste der Erde ist. In den zwanziger Jahren des letzten Jahrhunderts wurde am Leipziger Brühl ein Drittel der Weltproduktion von Tierfellen umgeschlagen. Der Handel lag bis 1933 vor allem in jüdischen Händen. Ihre Glaubensgemeinde zählt mit 13 000 Mitgliedern zu den größten in Deutschland.

Leipzigs Bevölkerung schrumpft nach Kriegsende 1945 um nahezu eine Viertelmillion auf etwa 500 000 Einwohner. Kommunistische Dogmen, Restriktionen und Mangelwirtschaft sowie die damit verbundene Flucht der Menschen reduzieren die Bedeutung der Stadt erheblich: Das Verlagswesen verliert Leipzig an Stuttgart, den Rauchwarenhandel an Frankfurt, die Messe an Hannover und Frankfurt, den höchsten deutschen Gerichtshof an Karlsruhe bzw. Berlin. Von diesem Aderlaß hat sich die Stadt nach der Wiedervereinigung 1990 noch nicht erholen können, obwohl es ausgesprochen positive Ansätze gibt. Aber das einzigartige Flair ist geblieben, zumal Leipzig trotz zum Teil erheblicher Zerstörungen durch die Bomben des Zweiten Weltkriegs als die deutsche Großstadt gilt, die ihren alten Stadtkern in weiten Teilen über die Zeit hat retten können: „Nur" 60 Prozent des historischen Altstadtkerns sind verloren; die Stadt ist damit bei weitem nicht so stark zerstört wie beispielsweise Berlin, Hamburg, Dessau oder Dresden. Insgesamt fallen 38 000 Wohnungen völlig und weitere 52 000 teilweise den Bomben zum Opfer. Wegen finanzieller Schwierigkeiten zu SED-Zeiten kann vieles nicht saniert werden, Kriegslücken verbleiben, und der ursprüngliche Zustand wird nur notdürftig konserviert. Auf die Restauratoren und Bauarbeiter kommt auch in Zukunft noch viel Arbeit zu.

An sich sind die Sachsen friedliebende und gemütliche Leute. Aber sie können auch energisch werden, z. B. wenn es um ihre Ehre und um die Gerechtigkeit geht. Einen gesunden Veränderungswillen und Spaß am Disputieren kann man ihnen auf keinen Fall absprechen. Daher ist es auch kein Zufall, daß der Sturz der DDR-Diktatur im Jahre 1989 mit denkwürdigen Gottesdiensten und friedlichen Gebeten in der Nikolaikirche und den diszipliniert verlaufenden Montagsdemonstrationen von Leipzig aus seinen Anfang nimmt, ein in seiner Friedfertigkeit für die deutsche Geschichte beispielloser Vorgang.

In the eighteenth and nineteenth centuries the city underwent an emphatically positive and turbulent development. The Leipzig fair held its own as a meeting-point between east and west and became the "market-place of Europe." At the same time, the up-and-coming book market made it Germany's "literary emporium." The Leipzig publisher Göschen published works by Goethe, Klopstock and Wieland. Booksellers and publishers aided the spread of progressive ideas. In 1871 Leipzig had more than 100,000 inhabitants and was increasingly one of the leading industrial cities in the German Reich, established that year. Large-scale production was the main reason why the classical merchandise fair gave way to a completely new form of fair, the trade fair, which had its origins in Leipzig. At the start of the last century the Saxon metropolis was Germany's fourth-largest city.

Intensive industrialisation did not pass Leipzig by in the second half of the nineteenth century, and so a strong labour movement developed. That is why, in 1860, August Bebel, 1840–1913, and in 1865 Wilhelm Liebknecht, 1826–1900, moved to Leipzig. On 13 August 1871 Liebknecht's son Karl was born in a simple, unprepossessing house in Braustrasse. When he was christened in the Thomaskirche, despite his atheistic convictions Karl Marx travelled specially from London to be the baby's godfather. In 1914 Karl Liebknecht was the only Social Democrat to vote in the Reichstag against war loans. In 1919, together with Rosa Luxemburg, he was murdered in Berlin.

In 1863 the Allgemeiner Deutscher Arbeiterverein (General German Workers' Association) was founded in the Leipzig "Pantheon" at the corner of Dresdner Strasse and Gerichtsweg. After the death of its first president, Ferdinand Lasalle, Bebel and Liebknecht split away and in 1869 founded the Social Democratic Workers' Party in Eisenach.

In the first decades of the twentieth century Leipzig was still unparalleled in the world as a trade fair venue. However, under communist rule it was unable to maintain this position. The same went for its concentration of publishers, unique in Germany, and for the Leipzig fur trade, which before the Second World War was the most important in the world after London and New York. In the 1920s one third of the world's animal-fur production was handled on Leipzig's Brühl. Until 1933 the trade was mainly in Jewish hands. With 13,000 members, Leipzig's Jewish community was one of the largest in Germany.

When the war ended in 1945 Leipzig's population declined by almost a quarter of a million to around 500,000. Communist dogmas, restrictions, a shortage economy and the associated flight of many people led to a marked decline in the city's importance. Leipzig lost its publishing to Stuttgart, its fur trade to Frankfurt, its trade fair to Hanover and the German supreme court to Karlsruhe and Berlin. Since reunification in 1990, the city has yet to recover from this bloodletting, despite some extremely positive beginnings. Nevertheless, the unique flair has remained, especially as, despite at times substantial destruction by World War II bombs, Leipzig is regarded as the German city which has through the years managed to save large parts of its old city centre. "Only" 60 per cent of the historic city centre was lost, in other words far less than in for example Berlin, Hamburg,

Dessau or Dresden. Altogether, 38,000 homes were completely wrecked and a further 52,000 partially destroyed by bombs. Due to financial difficulties, under communist rule many buildings could not be restored, gaps left by the war remained, and much was preserved in its original condition only because necessity dictated it. There will be a great deal of work for restorers and building workers in future, too.

Saxons are actually peace-loving and easy-going people, but they can spring into action to defend their honour and justice. Nobody can deny their healthy desire for change and pleasure in debate. Thus it is no coincidence that the overthrow of the East German dictatorship in 1989 had its starting-point in Leipzig with the memorable church services and peaceful prayers in the Nikolaikirche, and with the disciplined Monday demonstrations. Never before in German history has an overthrow been so peaceful.

Altes Geschäftshaus mit gekachelter Fassade in der Nikolaistraße, die von der Nikolaikirche zum Brühl führt. In den Fenstern spiegelt sich der Giebel des gegenüberliegenden Hauses.

Old commercial building with tiled facade in Nikolaistrasse, which leads from the Nikolaikirche to the Brühl. The reflection in its windows is of the gable of the building opposite.

In der Lesehalle der Deutschen Bücherei sind die gediegene Inneneinrichtung und die originalgetreuen Biedermeierelemente erhalten geblieben. Die 120 Meter lange Eingangsfront beeindruckt durch ihre leicht geschwungene Linie. Die Hauptaufgabe der Bücherei besteht darin, die gesamte deutsche Literatur seit 1912 zu sammeln, aufzubewahren und zur Verfügung zu stellen.

The German Library reading room has retained its high-quality interior and Biedermeier elements true to the originals. A particular feature of the building's 120-metre entrance facade is its slight curvature. The library's job is collect, hold and make available to readers copies of everything published in Germany and everything published in German elsewhere in the world since 1912.

Blick von der Nikolaistraße zum Universitätshochhaus, das die Leipziger einfach als „Zahn" bezeichnen, und zum Turm der Nikolaikirche. Der Turm mit barocker Haube überragt mit 75 Meter Höhe den Hauptturm der bekannten Thomaskirche um sieben Meter. Von der Nikolaikirche nahm 1989 die friedliche Revolution ihren Ausgang, die im Jahr darauf zur Wiedervereinigung Deutschlands führen sollte.

A view from Nikolaistrasse of the university tower block, which Leipzigers call simply "tooth," and the Nikolaikirche tower. The 75-metre tower with its Baroque cap is seven metres taller than the main tower of the better known Thomaskirche. The Nikolaikirche was the starting-point of the peaceful revolution of 1989, which was to culminate in the following year in the reunification of Germany.

Das Innere der Nikolaikirche, die im 12. Jahrhundert erbaut und von 1785 bis 1796 klassizistisch umgestaltet wurde, wirkt auf den Besucher erhaben, feierlich und majestätisch. Das Kirchenschiff weist mit 32 Meter Länge, 28,5 Meter Breite und 17 Meter Höhe beachtliche Maße auf. Das Deckengewölbe, das von mächtigen kannelierten Säulen getragen wird, ist mit grünen Palmwedeln ausgeschmückt. Es ist belegt, daß Johann Sebastian Bach hier öfter musiziert hat als in der mit seinem Namen verbundenen Thomaskirche.

The interior of the Nikolaikirche, which was built in the twelfth century and altered in classical style between 1785 and 1796, makes a lofty, solemn and majestic impression on the visitor. The nave is a not inconsiderable 32 metres long, 28.5 metres wide and 17 metres high. The vaulted ceiling, supported by mighty fluted pillars, is decorated with green palm fronds. It is known for a fact that Johann Sebastian Bach played his music here more often than in the Thomaskirche with which his name is associated.

Blick vom Nikolaikirchhof in die Ritterstraße, eine der ältesten Geschäftsstraßen Leipzigs. Im Vordergrund eine Säule aus dem Kirchenschiff der Nikolaikirche (vgl. S. 20/21). Auf der rechten Bildseite steht ein Plattenbau, der in den siebziger Jahren des letzten Jahrhunderts an Stelle eines im Krieg zerstörten Hauses eingefügt wurde und zur Universität gehört.

A view of Ritterstrasse, one of Leipzig's oldest shopping streets, from the Nikolaikirchhof. In the foreground is a pillar from the nave of the Nikolaikirche (cf page 20/21). On the right is a high-rise block that was built in the 1970s on the site of a building destroyed in World War II and belongs to the university.

Leipzig ist reich an alten Bürger- und Handelshäusern mit prunkvollen Portalen und ausladenden Fassaden. Im Zentrum der Stadt haben die dicken Mauern der Gebäude zum großen Teil der Wucht der Bombenangriffe des Zweiten Weltkriegs getrotzt. Die Häuser zeugen heute noch vom Reichtum ihrer einstigen Bewohner, die unter anderem in der ausgedehnten Industrieproduktion, der Rauchwarenbranche, dem Verlags- und Druckwesen sowie durch die Messe zu Geld und Ansehen gekommen waren.

Leipzig has a wealth of old townhouses and commercial buildings with grand portals and protruding facades. In the city centre, their thick walls largely defied the onslaught of World War II bombs and still testify to the wealth of their former occupants, who won standing and fortune inter alia from extensive industrial production, the tobacco industry, publishing and printing and the Leipzig Fair.

Entsprechend der wechselnden Bedeutung Leipzigs entstehen um die Jahrhundertwende imposante und einmalige Repräsentationsgebäude, die den Bürgerstolz und den Reichtum der Stadt nach außen demonstrieren sollen. Trotz Beschädigungen haben sie größtenteils den Zweiten Weltkrieg überstanden.

Im Zuge der ersten deutschen Einheit unmittelbar nach dem deutsch-französischen Krieg 1871 erhält die Stadt Leipzig den Zuschlag für den Sitz des Reichsgerichts, des höchsten deutschen Gerichtshofs, dessen Gebäude im Stil der italienischen Spätrenaissance 1895 samt imposanter Kuppel und beeindruckendem historischen Plenarsaal fertiggestellt wird. Hier findet 1933 der Reichstagsbrandprozeß gegen den schließlich freigesprochenen bulgarischen Kommunisten Georgi Dimitroff statt. Zu DDR-Zeiten wird sein Andenken sorgsamst bewahrt, das Gebäude selbst als antifaschistische Gedenkstätte – trotz wilhelminischer Vergangenheit – in relativ gutem Zustand gehalten, obwohl wesentliche Bombennarben aus dem Weltkrieg erst nach der zweiten deutschen Einheit 1990 beseitigt werden. Der ehemalige Justizpalast, in dem zu DDR-Zeiten das Museum der bildenden Künste untergebracht war, ist jetzt Sitz des Bundesverwaltungsgerichts. Die Kunstsammlung, eine der ältesten und bedeutendsten Bürgersammlungen Deutschlands, ist in einen gläsernen Kubus am Sachsenplatz umgezogen. Es ist der erste Museumsneubau nach der Wende in Mitteldeutschland.

Auf den Grundmauern der alten Pleißenburg wird 1905 das Neue Rathaus im historistischen Stil mit 600 Räumen nach sechsjähriger Bauzeit fertiggestellt. Sein Architekt Hugo Licht (1841–1923), der als Leiter des Hochbauamts das Bild der aufblühenden Großstadt um die Jahrhundertwende prägt, gestaltet den Bau entsprechend der damaligen wirtschaftlichen Bedeutung Leipzigs mit überschwenglicher Phantasie und protzigem Reichtum in Muschelkalkstein aus der Maingegend.

Das ehemalige Reichsgericht, der höchste deutsche Gerichtshof, wurde 1895 im Stil der italienischen Spätrenaissance fertiggestellt. (oben).

The former Reichsgericht, Germany's supreme court, was built in 1895 in Italian late Renaissance style. (above)

Die Stadtväter gaben seinerzeit die stattliche Summe von 9 Millionen Goldmark dafür aus. Die reich gegliederte Fassade, die imposante Wandelhalle und der etwa 115 Meter hohe Turm, der als eines der Wahrzeichen der Stadt aus ihrer Silhouette nicht wegzudenken ist, verfehlen ihre Wirkung auf den Betrachter nicht. Das Neue Rathaus ist nach wie vor der Sitz der städtischen Verwaltungszentrale.

Das Alte Rathaus präsentiert sich zwischen Markt und Naschmarkt in lupenreinem Renaissancestil mit barocker Haube und muß sich vor seinem Nachfolger in keiner Weise verstecken. Es wird im Jahre 1556 vom damaligen Bürger- und Baumeister Hieronymus Lotter (um 1540–84) als zweigeschossiges Langhaus mit stattlichem Satteldach geschaffen und hat einen bemerkenswerten „Knick" in der Fassade. Vom Balkon unter der Uhr bliesen seinerzeit die Stadtpfeifer zu Feiertagen oder zur Messezeit. Später wird an der Marktseite ein Arkadengang aus Rochlitzer Porphyr, einem vulkanischen Gestein, angefügt, der das eher streng wirkende Bauwerk etwas auflockert. Glücklicherweise wird das Alte Rathaus nach der Einweihung des Neuen nicht wie geplant abgerissen, sondern als Stadtgeschichtliches Museum umgestaltet.

Der Leipziger Hauptbahnhof ist der größte Kopfbahnhof Europas. Seiner Entstehung (1901–15) gehen schwierige Verhandlungen zwischen der sächsischen und der preußischen Staatsbahn voraus, denn beide unterhalten Eisenbahnstrecken, die nach Leipzig führen. Es gibt Streit um die

Planung des Bahnhofs, ja es findet ein regelrechter Eisenbahnkrieg statt. Noch heute fällt auch äußerlich ein bemerkenswerter Dualismus auf: Es gibt zwei gewaltige Eingangshallen, zwei Wartesäle, zwei Seitenausgänge, zwei Freitreppen – alles ist gleich groß und peinlich genau gleichberechtigt proportioniert.

Im Süden der Stadt liegt ein weiterer, wenn auch kleinerer Kopfbahnhof: Der Bayerische Bahnhof wird von 1842 bis 1844 im Auftrag der „Sächsisch-Baierischen Eisenbahnen-Compagnie" im italienischen Renaissancestil mit vierbogigem

Im Arkadengang des Alten Rathauses haben sich einladende Geschäfte angesiedelt. Die Arkadensäulen und Schaufenstereinfassungen sind aus Rochlitzer Porphyr gefertigt (unten).

The colonnade by the Altes Rathaus is now home to some inviting shops. The colonnade pillars and shop-window surrounds are made of Rochlitz porphyry (below).

In keeping with Leipzig's growing importance, impressive and unique showpiece buildings took shape around the turn of the century, designed to testify to the city's civic pride and wealth. Despite damage, most of them survived the two world wars.

When Germany was first united, after the Franco-Prussian War, in 1871, Leipzig became the seat of the Reichsgericht, or Supreme Court. Built in the Italian late Renaissance style and completed in 1895, the Reichsgericht building incorporated an impressive dome or cupola and a no less impressive court chamber that was to play a role in history. It was here that in 1933 the Reichstag fire trial was held in which the Bulgarian communist Georgi Dimitroff was tried and found innocent. In East German days his memory was carefully cultivated and the building itself, despite its Wilhelminian imperial past, was kept in relatively good condition as an anti-fascist memorial, although World War II bomb scars were not removed until after Germany regained unity in 1990. The former Palace of Justice, which in GDR days housed the Museum of Fine Arts, is now the seat of the Federal Administrative Court. The art collection, one of Germany's oldest and most important civic collections, has moved in a plateglass cube on Sachsenplatz. It has been Central Germany's first new museum building since reunification.

In 1905 the 600-room Neues Rathaus, or New Town Hall, was built on the foundations of the old Pleissenburg in the historicist style. Hugo Licht, 1841–1923, who as head of the city's public works department strongly influenced the appearance of the flourishing city around the turn of the century, designed the Neues Rathaus, in keeping with Leipzig's economic significance, with exuberant imagination and a wealth of ostentation, and built it using muschelkalk limestone from the River Main region. It cost the city elders 9 millions gold marks, a handsome sum in those days. The ornate facade, the impressive lobby and the tower, about 115 metres tall, which is a hallmark of the city and an unmistakable feature of its skyline, cannot fail to make their mark on the observer. The Neues Rathaus is still the headquarters of the municipal administration.

The Altes Rathaus, a pure Renaissance building with a Baroque cupola, faces the Markt and Naschmarkt and is in no way less impressive than its successor. It was built in 1556 by mayor and master-builder Hieronymus Lotter, c. 1540–84, as a long, two-storey building. It has a superb gable-roof and a distinctive "kink" in its facade. On high days and holidays – and during the fair – the municipal pipers used to play from the balcony below the Rathaus clock. Later, on the side of the building that faced the Markt, an arcade was added. Made of Rochlitz porphyry, a volcanic stone, it broke the monotony of the somewhat stern original building and created a more relaxed atmosphere. Luckily, the Altes Rathaus was not demolished as planned once the Neues Rathaus was inaugurated. It became a museum of municipal history instead.

Leipzig's Hauptbahnhof, or main railway station, is the largest railhead in Europe. It was built between 1901 and 1915 after tough negotiations between the Saxon and the Prussian state railways. Both maintained rail links with the city, and they were in dispute over how the station was to be planned. It was very much a railway war, and to this day there is no mistaking the striking dualism in its layout and design. There are two main entrance halls, two waiting rooms, two side exits, two staircases, and they are all equal in size to underscore the equality of the two networks.

In the south of the city there is a another, smaller railhead, the Bayerischer Bahnhof, or Bavarian station. It was commissioned by the Saxon-Bavarian Railway Company and built between 1842 and 1844 in the Italian Renaissance style with a quadruple-arched portico. It is the oldest railway station in Germany that is still standing, and a technical monument which is both remarkable and impressive. The interior of the former station concourse has been restored to its late-classical elegance, complete with neo-historicist flights of fancy by an Italian church artist. Now, Leipziger Gose is served here, a traditional topfermented pale ale that is bottled before it has fully matured.

On 3 October 1912 the German Book Trade Association set up the Deutsche Bücherei, or German Library, which has since sought to collect, to catalogue and to make available to readers all German and foreign-language books published in

Im Inneren des Alten Rathauses ist das Stadtgeschichtliche Museum untergebracht, in dem natürlich auch Johann Sebastian Bach die gebührende Würdigung zuteil wird. Das einzige authentische Porträtbildnis des Komponisten schuf Elias Gottlob Haussmann 1746.

The Altes Rathaus houses the Municipal History Museum, where of course due homage is paid to Johann Sebastian Bach. The only authentic portrait of the composer was painted by Elias Gottlob Haussmann in 1746.

Portikus erbaut. Er ist der älteste noch erhaltene Bahnhof in Deutschland und ein beeindruckendes technisches Denkmal. Das Innere der ehemaligen Bahnhofshalle, die wieder in ihrer spätklassizistischen Eleganz erstrahlt, hat ein italienischer Kirchenmaler als neohistorisches Capriccio ausgestaltet. Hier wird jetzt die traditionsreiche „Leipziger Gose" ausgeschenkt, ein obergäriges Weißbier, das noch während seines Reifeprozesses in Flaschen abgefüllt wird.

Am 3. Oktober 1912 wird vom Börsenverein des Deutschen Buchhandels die Deutsche Bücherei gegründet. Ihre Hauptaufgabe besteht darin, die gesamte seitdem erscheinende deutsche und fremdsprachige Literatur des Inlands sowie die deutschsprachige Literatur des Auslands zu sammeln, zu katalogisieren und zur Verfügung zu stellen. Nach dem Zweiten Weltkrieg und der damit verbundenen Teilung Deutschlands in Ost und West entsteht 1946 die Deutsche Bibliothek in Frankfurt als Konkurrenzunternehmen mit den gleichen Aufgaben. Seit 1990 sind beide Büchereien miteinander vereint.

Die 120 Meter lange Eingangsfront der Bücherei beeindruckt durch ihre leichte Schwingung. Eine Besichtigung ist wegen der gediegenen Inneneinrichtung mit originalgetreuen Biedermeierelementen lohnenswert.

Auch nach dem Zweiten Weltkrieg ist der Hang zur Gigantomanie in Leipzig ungebrochen und äußert sich unter anderem in der großzügig konkav geschwungenen Ringbebauung am Roßplatz, die mit ihrem typischen Zuckerbäckerstil architektonisch an manche imposanten Gebäude in Moskau erinnert. Sie wird in den fünfziger Jahren konzipiert, soll den neuen Charakter einer sozialistischen Baukunst unterstreichen und zugleich an traditionelle Baustile, insbesondere das Barock, anknüpfen.

In Leipzig kann noch etwas in deutschen Städten selten Gewordenes und daher ganz Besonderes bewundert werden: Einheitliche, nahezu unzerstörte Straßenzüge aus der Gründerzeit. Sie sind zum Teil liebevoll und denkmalgerecht restauriert und erstrahlen in neuem Glanz, wie beispielsweise in der August-Bebel-Straße

im Süden, im Musikviertel in der Nähe des ehemaligen Reichsgerichts oder in den Villengegenden von Leipzig-Gohlis und Markkleeberg. Auch im Waldstraßenviertel im Nordosten, das Mitte des 19. Jahrhunderts entsteht und eines der bedeutendsten Flächendenkmale der europäischen Wohnungsbaugeschichte darstellt, sind einzigartige Fassaden zu bewundern, die sich über ganze Straßenfronten erstrecken.

Der monumentale Leipziger Hauptbahnhof entstand 1901 bis 1915 als größter Kopf- und Personenbahnhof Europas. Bereits 1839 war die erste deutsche Ferneisenbahnstrecke von Leipzig nach Dresden eröffnet worden.

Built between 1901 and 1915, Leipzig's monumental main station was Europe's largest railway and passenger terminal. The first long-distance railway in Germany, from Leipzig to Dresden, was opened back in 1839.

Überlebensgroße Steinplastiken schmücken die Fassade der Deutschen Bücherei (unten). Der 1915 entstandene Bibliotheksbau liegt in der Nähe des Westeingangs zum Messegelände.

Outsize stone sculptures decorate the facade of the German Library (below). The library, built in 1915, stands close to the west entrance to the Messe site.

Germany and all German-language books published abroad. After World War II and the division of Germany into East and West the Deutsche Bibliothek was set up in Frankfurt in 1946 to perform the same role in. Since 1990 the two national libraries have been united. With its slight curvature, the front facade, 120 metres long, is most impressive. Its massive original Biedermeier interior is well worth seeing too.

After World War II Leipzig retained its predisposition toward gigantomania, as evidenced by the generous concave design of new buildings on the Ring, on Rossplatz. With their typical wedding-cake style they call to mind a number of impressive buildings in Moscow. They were designed in the 1960s with a view to underscoring the new character of socialist architecture while retaining links with traditional styles, especially Baroque.

Leipzig also boasts something that has become rare in German cities and is thus something special: uniform, almost intact streets built around the turn of the century. Some have been lovingly restored in the original style and are spick and span once more, as in August-Bebel-Strasse in the south, in the Musikviertel near the former Reichsgericht, and in residential suburbs such as Gohlis and Markkleeberg. In the north-east too, the Waldstrassenviertel, which dates back to the mid-nineteenth century and is one of the most important listed residential areas in the history of European housing, boasts unique facades that extend for entire streets.

Im Süden der Stadt liegt der Bayerische Bahnhof, der von 1842 bis 1844 im italienischen Renaissancestil mit vierbogigem Porticus erbaut wurde (oben). Er ist der älteste noch erhaltene Bahnhof in Deutschland.

In the south of the city is the Bayerischer Bahnhof, built between 1842 and 1844 in Italian Renaissance style, with a quadruple portico (above). It is the oldest station in Germany to have been preserved.

Imposant wirkt die Halle des hervorragend restaurierten Leipziger Hauptbahnhofs, des größten Kopfbahnhofs Europas, der 1915 eingeweiht wurde. Im Bahnhof befindet sich ein moderner mehrstöckiger Dienstleistungsbereich, der von der Deutschen Bundesbahn zu Recht als „Erlebniswelt mit Gleisanschluß" bezeichnet wird. Das Gebäude zeichnet sich von außen durch zwei gewaltige Eingangshallen aus. Eine davon unterstand der sächsischen, die andere der preußischen Bahnhofverwaltung.

The imposing sight of the superbly restored Leipzig main station, Europe's largest railway terminal, which was opened in 1915. The station now has a modern service area on several floors, which German railways operator Deutsche Bahn accurately describes as a "World of adventure with a railroad link." From outside, the building is distinguished mainly by two enormous entrance halls administered respectively – in their day – by the Saxon and Prussian railway authorities.

Das in lupenreinem Renaissancestil erbaute und mit einer barocken Haube bekrönte Alte Rathaus liegt am traditionsreichen Markt. Es wurde 1556 vom damaligen Bürger- und Baumeister Hieronymus Lotter als zweigeschossiges Langhaus mit stattlichem Satteldach geschaffen. Vom Balkon unter der Uhr bliesen seinerzeit die Stadtpfeifer. Die Arkaden aus Rochlitzer Porphyr wurden erst später als Auflockerung der ansonsten streng wirkenden Außenfassade hinzugefügt.

The Altes Rathaus, built in pure Renaissance style and crowned with a Baroque cap, stands directly on the tradition-steeped market square. It was built in 1556 by Hieronymus Lotter, mayor and town architect at the time, as a two-storeyed longhouse with a handsome saddle roof. In those days the town pipers used to play on the balcony under the clock. The Rochlitz porphyry arcades were added later to relieve the otherwise stern-looking front elevation.

Die Wände des Festsaals im Alten Rathaus schmücken die Stadtrichterbilder, die an die einstige Bestimmung des Raumes als Gerichtshalle erinnern. Der stattliche historische Saal wird heute sehr vielseitig genutzt, auch zu musikalischen Veranstaltungen. Unmittelbar neben der ehemaligen Gerichtshalle liegt die Ratsstube, die als schönster historischer Raum Leipzigs gilt.

The walls of the banqueting hall in the Altes Rathaus are decorated with portraits of the city judges, recalling the hall's former use as a court-room. The handsome historic hall is now used for a variety of purposes, including musical events. Immediately adjacent to the former courtroom is the Ratsstube, regarded as Leipzig's most attractive historic space.

An der Ecke Brühl/Katharinenstraße steht Leipzigs schönstes barockes Bürgerhaus, das 1701/04 vom damaligen Bürgermeister Dr. Franz Conrad Romanus, einem Günstling Augusts des Starken, erbaut wurde und seinen Namen trägt. Im zweiten Stock befand sich früher das „Richtersche Kaffeehaus", in das Friedrich Schiller gerne einkehrte.

On the corner of Brühlstrasse and Katharinenstrasse stands Leipzig's finest Baroque townhouse, built in 1701/04 by and named after the mayor of the time, Dr Franz Conrad Romanus, a favourite of Augustus the Strong. The Richtersches Kaffeehaus, which Friedrich Schiller liked to frequent, was on the second floor.

Das Gohliser Schlößchen ist als harmonischer und liebreizender Barock- und Rokokobau eine kleine Kostbarkeit unter den Sehenswürdigkeiten der Stadt. Es liegt wie das Schillerhaus in der Menckestraße und wurde 1756 als Sommersitz eines Leipziger Rats- und Kaufherrn errichtet. Heutzutage finden des öfteren Konzerte in den eleganten Räumen statt.

A little treasure among the sights of the city – the Gohlis Schlösschen, a harmonious and charming Baroque and Rococo building. Like the Schillerhaus, it is in Menckestrasse. It was built in 1756 as the summer residence of a Leipzig councillor and merchant. Nowadays its elegant rooms are often used for concerts.

In Leipzig gibt es etliche gemütliche Kneipen – wie diese Gosenschänke „Ohne Bedenken" in Leipzig-Gohlis (Menckestraße 5) – mit einladender Inneneinrichtung und freundlicher Atmosphäre. Erstaunlich ist dies nicht, zumal das Wort Kneipe sächsischen Ursprungs ist und von hier aus seinen Siegeszug durch ganz Deutschland angetreten hat. Ein abendlicher Kneipenbummel ist daher in jedem Fall lohnenswert. Hier wird auch die „Leipziger Gose" ausgeschenkt, ein obergäriges Weißbier, das im Jahre 978 erstmals erwähnt wurde. Dieses leicht säuerlich schmeckende Bier wird noch während des Reifeprozesses in Flaschen abgefüllt und kann „ohne Bedenken" getrunken werden. Die Hefe im Flaschenhals bildet dabei einen natürlichen Verschluß.

Leipzig has a range of cosy pubs and bars such as this one, the Ohne Bedenken (No Worries) at Menckestrasse 5 in the Gohlis district, with its inviting interior decor and friendly atmosphere. This is not surprising, since "Kneipe," the German word for "pub," is of Saxon origin and began its triumphal progress through Germany from here. So it goes without saying that an evening pub tour is always worthwhile. Among the drinks on offer at this bar is Leipziger Gose, a top-fermented pale ale first mentioned in a document dating back to 978. This slightly sour-tasting beer is bottled before it has fully matured and can be drunk with "no worries." The yeast in the neck of the bottle forms a natural seal.

Das Wort Kneipe ist sächsischen Ursprungs und wird erstmalig 1717 in einer kursächsischen Verordnung verwendet. Kein Begriff der obersächsischen Mundart hat sich in Deutschland so durchgesetzt wie dieser. Nicht zu Unrecht. Hat doch Leipzig wundervolle urige Kneipen und gemütliche Gaststätten zu bieten. Teilweise sind sie Hunderte von Jahren alt und zählen stolz die Namen berühmter historischer Gäste auf. Andere sind erst nach der Wende von 1989/90 entstanden, aber deshalb nicht minder einladend. Ausgesprochen reizvoll präsentiert sich, insbesondere am Abend, die Gegend um das Barfußgäßchen, einer Straße, die vom Markt abzweigt. Um den Markt herum stehen noch wunderschöne Bürgerhäuser, überladen mit typischen Prunkelementen der Gründerzeit; hier wechseln sich Jugendstil-Fassaden mit Renaissance- oder prächtigen Barockformen ab. Aber auch in den vielen Passagen, in denen die Zeit stehengeblieben zu sein scheint, kann man wunderbar einkehren, z.B. in Lokale in der Mädlerpassage, der Königshaus- oder der Messehof-Passage. Und nicht zu vergessen die einzigartigen Innenhöfe, in denen im Mittelalter der Messetrubel stattfand (Barthels Hof, Specks Hof)! Ein Bummel durch die Häuserzeilen wird zur Wonne. Vieles ist nach der Wende liebevoll und aufwendig restauriert worden und zeugt von der großen Vergangenheit der Messestadt.

Das bekannteste Restaurant ist nach wie vor „Auerbachs Keller", in dem bereits der junge Goethe zecht und im Rausch vielleicht so manche Vision hat, die er später literarisch verwertet. Der Eingang befindet sich in der schmucken Mädlerpassage, einer geschäftigen, noblen Ladenstraße mit Verbindung zur Messehof- und Königshaus-Passage, einem wahren Passagensystem, wo, in Bronze gegossen, drei überlebensgroße und miteinander raufende Leipziger Studenten auf der einen sowie Faust und Mephisto auf der anderen Seite die historische Dimension der Gaststätte aufzeigen: In der Faustsage wird hier von einem Ritt auf einem Weinfaß berichtet; Goethe greift die Geschichte in seiner Fassung auf und beschert ihr damit einen ewigen Platz in der Weltliteratur. Im alten Faßkeller kann man noch heute

jenen legendären Rebsaftbehälter bewundern; ob es der aus Goethes Zeiten ist, bleibt jedoch fraglich. In anderen Räumen befinden sich romantische Wand- und Deckengemälde sowie im „Goethezimmer" zahlreiche Erinnerungen an den Dichter. Ein unterirdischer Gang führt zur Universität, um bezechte Professoren auf dem Heimweg vor neugierigen Blicken zu schützen. Auch heute noch? Andere uralte Gaststätten heißen „Paulaner", „Burgkeller", „Barthels Hof" und „Thüringer Hof".

Wie die Oberbayern Bier und die Franken Wein trinken, so schätzen die Sachsen die anregende Wirkung des Kaffees; ohne übrigens dabei Bier und Wein zu vernachlässigen. Nachdem im Siebenjährigen Krieg kursächsische Soldaten ihren preußischen Feinden auf dem Schlachtfeld mit den Worten „ohne Gaffee genn' mr nich gämpfen" aus dem Wege gegangen waren, soll Friedrich der Große abfällig von den „Kaffeesachsen" gesprochen haben, ein Begriff, der heute noch Bestand hat: Kaffee war über eine lange Zeit in Preußen als Rauschmittel verboten, erfreute sich allerdings im sächsischen Leipzig größter Beliebtheit. Deshalb ist es nur zu verständlich, daß es in Leipzig eine Vielzahl von Kaffeehäusern gibt. Leipzig steht in dieser Hinsicht Wien in keiner Weise nach und bietet von volkstümlich bis mondän die passende Atmosphäre für jeden Geschmack. Am gemütlichsten geht es dabei im angeblich ältesten erhaltenen Kaffehaus Europas, dem „Kaffeebaum", zu, der seit dem ausgehenden 17. Jahrhun-

dert besteht und ursprünglich „Zum Arabischen Coffe Baum" hieß. Die Leipziger nennen ihn kurz „Boom". Er befindet sich in einem sehenswerten, noch älteren barocken Patrizierhaus in der kleinen Fleischergasse. Dennoch gilt die Gaststätte keineswegs als Nobeladresse. Gesichert ist, daß hier die oben schon genannten Dichter, Musiker und politischen Köpfe, sogar Kaiser Napoleon (1769–1821), ein- und ausgingen. Als Berühmtheiten der jüngeren Vergangenheit darf man sich den Schauspieler Heinz Rühmann (1902–94), den Dirigenten Herbert von Karajan (1908–89) und Altkanzler Helmut Kohl als Gäste an den blankgescheuerten Tischen vorstellen. Letzterer diskutierte hier 1990 mit Lothar de Maizière, dem letzten Ministerpräsidenten der DDR, über die Chancen der deutschen Einheit. Ob allerdings August der Starke der damaligen Wirtin die Gaststätte für Liebesdienste zum Geschenk gemacht hat, wie immer wieder behauptet wird, ist nicht verbürgt.

Heute befindet sich eine Passage im Specks Hof, der 1908/09 als Messehaus errichtet wurde. Ein Besuch lohnt sich wegen der wunderschön bemalten Kacheln und eines einladenden Cáfes.

Specks Hof, built in 1908/09 as an exhibition hall, is now a shopping arcade. The fine painted tiles and an inviting café make a visit well worth while.

The word "Kneipe" (pub or bar) is of Saxon origin. It was first used in 1717 in a decree issued by the Elector of Saxony. No term in the Upper Saxon dialect has gained such a hold in Germany as this one. Rightly so, for Leipzig boasts some wonderfully quaint pubs and cosy inns. Some are centuries old and proudly list the names of famous guests in history. Others came into being only after the political changes in 1989/90 but are no less inviting. As a result, the area round Barfussgässchen (Barefoot Alley), a street which runs off the market square is particularly delightful, especially of an evening. Around the market square are some handsome town houses heavily decorated in the ornate style typical of the Wilhelminian era. Art nouveau facades rub shoulders with Renaissance and sumptuous Baroque outlines. But the many arcades where time seems to have stood still also boast some wonderful places to stop for refreshments, for example the bars and restaurants in Mädlerpassage, Königshaus-Passage or Messehof-Passage, not forgetting unique interior courtyards such as Barthels Hof and Specks Hof which were the scene of the hustle and bustle of mediaeval fairs! A stroll through these streets is pure bliss. Since reunification many buildings have been lovingly restored at great cost to provide fitting testimony to the trade fair city's glorious past.

The best-known restaurant was and still is Auerbachs Keller, where the young Goethe used to drink and had many a vision he later put to literary use. The restaurant entrance is in smart Mädlerpassage, a busy arcade of high-class shops which is linked to Messehof-Passage and Königshaus-Passage in a true system of arcades. A cast bronze statue of three larger-than-life Leipzig students scrapping with each other on one side and Faust and Mephistopheles on the other demonstrate the inn's historic dimension. The Faust saga tells of a ride on a wine-cask here. Goethe's version takes up the story and bestows on it an eternal place in world literature. In the old wine-cellar one can still admire that legendary wine container, though whether it is really the one from Goethe's day remains doubtful.

The other rooms have romantic wall and ceiling paintings, and the Goethe room has numerous mementoes of the writer. A subterranean passage leads to the university to protect drunken professors from inquisitive eyes on their way home. Is it still used for this purpose? Further ancient hostelries are the Paulaner, the Burgkeller, Barthels Hof and Thüringer Hof.

Just as Upper Bavarians love their beer and the Franconians their wine, Saxons appreciate the stimulating effect of coffee – though not to the neglect of beer and wine. There is a story that during the Seven Years' War Saxon soldiers avoided meeting their Prussian enemies on the battlefield, saying "we won't go to fight without coffee." Thereupon Frederick the Great is said to have referred to them dismissively as "Kaffeesachsen" (Coffee Saxons), a term that still endures today. For many years, coffee was banned as a narcotic in Prussia, but it was extremely popular in Saxon Leipzig. Hence it is only too understandable that Leipzig has a multitude of coffee-houses. The city is Vienna's equal in this respect, offering the appropriate atmosphere for every taste, from traditional to sophisticated. Cosiest of all is the Kaffeebaum, which dates back to the late 17th century and is said to be Europe's oldest remaining coffeehouse. It was originally called Zum Arabischen Coffe Baum (At the Sign of the Arabian Coffee Tree). Leipzigers call it "Boom" for short. It is located in an interesting, even older Baroque patrician house in narrow

Fleischergasse. And yet the coffee-house is by no means regarded as an exclusive establishment. What is certain is that the aforementioned writers, poets, musicians

Um den Brunnen am Barfußgäßchen gruppieren sich altherrschaftliche Bürgerhäuser und gemütliche Gaststätten (oben). Eines der traditionsreichen Häuser im Barfußgäßchen ist „Zill's Tunnel", das mit gediegenem Ambiente aufwartet und wo es viele typisch sächsische Gerichte nach traditionellen Rezepturen gibt (unten).

The fountain at Barfussgässchen is surrounded by fine old townhouses and cheery inns (above). One of the most tradition-steeped establishments in Barfussgässchen is Zill's Tunnel, which offers a discreetly tasteful ambience, and serves many typical Saxon dishes made according to traditional recipes (below).

Friedrich von Schiller steigt dagegen lieber im „Richterschen Coffehaus" im barocken Romanushaus an der Ecke Brühl/Katharinenstraße ab, in dem vor allem Freimaurer und Kaufleute verkehren. Die zum Markt führende Katharinenstraße entwickelte sich zu einem wahren Kaffeehaus-Eldorado: Sie hat seit dem Jahre 1720 über 30 Adressen mit Kaffeeausschank vorzuweisen. Die bekannteste ist die Café-Konditorei „Cather", das „Kuchenherz Leipzigs". Hier sind neben Goethe, Schiller und Wagner auch die Schriftsteller Christian Fürchtegott Gellert (1715–69), Jean Paul (1763–1825), Johann Gottfried Seume (1763–1810) und Theodor Fontane (1819–98) zu Gast. Im ehemaligen „Zimmermannschen Kaffeehaus" gibt einige Schritte weiter Johann

Sebastian Bach von 1729 bis 1748 mit seinem Collegium musicum öffentliche Konzerte. In den Anlagen vor der Katharinenstraße befindet sich eine Gedenktafel, die an seine weltlichen Auftritte zur Aufbesserung der knappen Bezüge als Thomaskantor erinnert. Nicht zuletzt hat Bach wegen der Leipziger Vorliebe des Kaffeetrinkens seine Kaffeekantate „Schweigt stille, plaudert nicht" komponiert.

Ein Kaffeehaus der noblen Art ist das „Culturcafé Alte Nikolaischule" gegenüber der Nikolaikirche. Es liegt, wie schon der Name andeutet, an der Stelle der Schule, in der der Philosoph und Mathematiker Gottfried Wilhelm Leibniz (1646–1716), der Jurist Christian Thomasius (1655–1728) und später auch Richard Wagner und Johann Gottfried Seume als Leipziger Pennäler einst den Rohrstock zu spüren bekamen. Eine weitere Besonderheit ist das Kaffeehaus „Riquet" in der Art eines Wiener Cafés in einem wunderschönen Jugendstilhaus an der Ecke Reichsstraße/Schuhmachergasse. Aber es gibt noch mehr, viel mehr von diesen Kaffeehäusern zu entdecken.

Der Marktplatz mit der Alten Waage (rechts im Bild) ist von alten Bürger- und Geschäftshäusern gesäumt (oben).

Above: the market square with the Alte Waage (to the right of the picture), is surrounded by old townhouses and commercial buildings.

Ein Kaffeehaus besonderer Art ist das „Culturcáfe Alte Nikolaischule" (unten).

Below: The Culturcafé Alte Nikolaischule is a very special kind of coffee-house.

and political figures, even the emperor Napoleon, 1769–1821, patronised it in their day. More recent celebrities who sat at its scrubbed wooden tables have included the actor and film star Heinz Rühmann, 1902–94, the conductor Herbert von Karajan, 1908-89, and Germany's former chancellor Helmut Kohl. Mr. Kohl conferred here with Lothar de Maizière, the GDR's last prime minister, on the prospects for German unity. Whether there was any truth in the rumour that Augustus the Strong made a gift of the coffee-house to the landlady of the day in return for amorous services is uncertain. What is certain is that Friedrich von Schiller preferred the Richtersches Coffehaus in the Baroque Romanushaus at the corner of Brühl- and Katharinenstrasse, a favourite haunt of freemasons and merchants. Katharinenstrasse, which leads to

the market square, developed into a true coffee-house Eldorado. From about 1720 it boasted more than 30 establishments serving coffee. Best-known among them was the Cafe-Konditorei Cather, the "cake heart of Leipzig." In addition to Goethe, Schiller, Lessing and Wagner, the writers Christian Fürchtegott Gellert, 1715–69, Jean Paul, 1763–1825, Johann Gottfried Seume, 1763–1810, and Theodor Fontane, 1819–98, patronised it. A few steps further on, in the former Zimmermannsches Kaffeehaus, between 1729 and 1748 Johann Sebastian Bach gave public concerts with his collegium musicum. In the gardens in front of Katharinenstrasse there is a memorial plaque recalling his secular performances to top up his meagre earnings as choirmaster at the Thomaskirche. It was not least the Leipzig predilection for coffee-drinking that led Bach to compose his coffee cantata "Schweigt stille, plaudert nicht" (Be silent, talk not).

An exclusive type of coffee-house is the Culturcafé Alte Nikolaischule opposite the Nikolaikirche. It is located, as the name indicates, on the site of the school

where the philosopher and mathematician Gottfried Wilhelm von Leibniz, 1646–1716, the lawyer Christian Thomasius, 1655–1728, and later also Richard Wagner and Johann Gottfried Seume felt the cane as Leipzig grammar school boys. Another special place is Kaffeehaus Riquet in the style of a Vienna coffee house, on the corner of Reichsstrasse and Schuhmachergasse. But there are more, many more, coffee-houses to discover.

Das im Stil eines Wiener Cafés gehaltene „Riquet" logiert in einem wunderschönen Jugendstilhaus an der Ecke Reichsstraße/ Schuhmachergasse, in dem früher Orientwaren gehandelt wurden.

Kaffeehaus Riquet, furnished in the style of a Viennese coffee-house, is in a superb art nouveau building on the corner of Reichsstrasse and Schuhmachergasse, formerly an oriental trading house.

Die wunderschöne Barock-
plastik ziert den Eingang der
bekannten Leipziger Gast-
stätte „Kaffeebaum" in der
Kleinen Fleischergasse 4, in
der Goethe, Lessing, Liszt,
Kotzebue, Wagner, Wieck,
Schumann und Napoleon
verkehrten. Die Plastik zeigt
einen unter einem Kaffee-
baum liegenden Türken, der
Amor eine Schale Kaffee
reicht – sie symbolisiert die
Begegnung des christlichen
Abendlandes mit dem islami-
schen Orient. Im Innern der
Gaststätte erinnert vieles an
ihre große Vergangenheit.
In der dritten Etage ist ein
Kaffee-Museum eingerichtet.

This delightful Baroque
sculpture adorns the entrance
of the well-known Leipzig
inn, Kaffeebaum, at Kleine
Fleischergasse 4, which
was frequented by Goethe,
Lessing, Liszt, Kotzebue,
Wagner, Wieck, Schumann
and Napoleon. The sculpture
depicts a Turk reclining
under a coffee bush and
handing a bowl of coffee to
Cupid. It symbolises the
meeting between the Christian west and the Islamic
orient. Inside, there are
many mementoes of Kaffee-
baum's illustrious past. The
third floor houses a coffee
museum.

JOHAN LEHMA

Die Mädlerpassage ist eine der schönsten Ladenstraßen Leipzigs mit luxuriösen Geschäften und einladenden Gaststätten. Sie ist mit der Messehof- und Königshaus-Passage verbunden, so daß ein Einkaufsbummel auch bei Regen lohnt. Dabei kann man in vielen netten Straßencafés einkehren. Die bekannteste Gaststätte, zu der man von der Mädlerpassage aus einige Stufen hinabsteigen muß, ist zweifellos „Auerbachs Keller", in dem eine Szene der bekannten Faustsage spielt.

Mädlerpassage, with its luxurious shops and inviting restaurants and cafés, is one of Leipzig's finest shopping arcades. It is linked with the Messehof and Königshaus arcades, to make a shopping trip enjoyable even in rainy weather – especially with so many pleasant street cafés to call in at. Without a doubt, however, the best-known restaurant, reached by going down a few steps from Mädlerpassage, is Auerbachs Keller, made famous by a scene in Goethe's "Faust" which takes place there.

In den weitläufigen Gewölben von „Auerbachs Keller", in dem mittlerweile bereits seit fast 500 Jahren Leipziger Studenten und Professoren zechen, sind eindrucksvolle romantische Decken- und Wandgemälde zu bewundern, die Szenen aus Goethes „Faust" illustrieren. Im „Goethezimmer" finden sich zahlreiche Erinnerungen an den Dichter, und im alten Faßkeller erwartet den neugierigen Besucher gar das Weinfaß, auf dem der legendäre Ritt erfolgt sein soll. „Auerbachs Keller" ist Leipzigs bekannteste Gaststätte. Einer Legende nach soll einmal ein begeisterter Ausländer einen Brief „An Auerbachs Keller, Germany" geschickt haben, der seinen Adressaten prompt und ohne Schwierigkeiten erreicht hat.

The extensive vaults of Auerbachs Keller, which has been a drinking-place of Leipzig students and professors for nearly 500 years, are decorated with striking, romantic wall and ceiling paintings illustrating scenes from Goethe's "Faust." The separate Goethe Room contains numerous mementoes of the writer, and in the old wine-cellar the inquisitive visitor can even see the cask on which the legendary ride on the wine cask is said to have taken place. Auerbachs Keller is Leipzig's best-known restaurant and wine-cellar. According to legend, one enthusiastic person is said to have sent a letter addressed simply to "Auerbachs Keller, Germany," which was delivered promptly and without difficulty.

In der Innenstadt und in den
angrenzenden Stadtteilen
gibt es noch wunderschöne
Hausfassaden aus der Biedermeierzeit und späteren Stil-
epochen, die der Zweite
Weltkrieg verschont hat und
die liebevoll und stilgetreu
restauriert worden sind –
hier ein eindrucksvolles
Jugendstilmosaik unter dem
Eckturm des Riquethauses
an der Straßenecke Reichs-
straße/Schuhmachergäßchen
direkt am Sachsenplatz.

The city centre and adjacent
district still have some wonderful facades in Biedermeier
and later architectural styles
which were luckily spared by
World War II and have been
lovingly restored in original
style. The picture shows an
impressive art nouveau
mosaic beneath the corner
tower of the Riquethaus on
the corner of Reichsstrasse
and Schuhmachergässchen,
directly on Sachsenplatz.

In Leipzig gibt es ausgesprochen viele Kabaretts, Theater
und Kleinkunstbühnen. Ein
sehenswertes kabarettisti-
sches Programm bieten die
„Academixer". Zum Theater
gehört eine gemütliche Gaststätte, in der man sich nicht
selten nach der Vorstellung
mit den Schauspielern unterhalten kann.

Leipzig has a particularly
large number of cabarets and
theatres. One cabaret pro-
gramme worth seeing is performed by the "Academixer."
The theatre has a cosy bar-
restaurant, where it is no
rarity to get chatting to the
actors after the performance.

Wo anfangen, wo aufhören? Am besten in der urbanen Mitte, auf dem Marktplatz. Hier findet am 27. August 1824, kurz nach neun Uhr, die letzte öffentliche Hinrichtung in Leipzig statt. Es ist der Fall des Mörders Johann Christian Woyzeck, der in ganz Europa wegen sich widersprechender Gutachten und der lautstarken Forderung der demokratischen Bewegung nach Abschaffung der Todesstrafe Wellen schlägt. Georg Büchner (1813–37) macht aus dem Stoff ein Drama, Alban Berg (1885–1935) eine Oper. Das Schafott soll an jener Stelle gestanden haben, wo jetzt im Marktpflaster das Stadtwappen eingelassen ist und die Nationalsozialisten die ihnen unliebsamen Bücher verbrannten. Daß das Betreten dieses Flecks mit Unglück verbunden ist, versteht sich von selbst.

Am Markt 8 und später schräg gegenüber (Markt 6) hat Johann Gottfried Seume gewohnt. Napoleon, Friedrich der Große, August der Starke und Zar Peter I. sind im ersten Stock des Gästehauses der Stadt (Markt 17), im stattlichen Königshaus unmittelbar am Eingang der Passage, abgestiegen. Im zweiten Stock desselben Hauses wohnt auch eine Tante von Richard Wagner. Sobald kein hochwohlgeborener Besuch in der Stadt weilt, gestattet Tante Friederike ihrem Neffen, eine Etage weiter unten in Plüsch und Seide zu schlafen. Hat er sich hier erste Inspirationen für sein Haus Wahnfried in Bayreuth geholt?

Goethe und Schiller sind im Vorangegangenen schon genug strapaziert worden. Nicht aber Theodor Fontane, der in den Jahren 1841 und 1842 in der Adler-Apotheke in der Hainstraße Nr. 9 arbeitet. Das Haus befindet sich gleich links, wenn man vom Markt kommt. Im Haus Nr. 16/18 hatte Melchior Lotter (1470–1549) seine Werkstatt, in der Luther und Melanchthon ihre Schriften drucken ließen. Die Hainstraße mit ihren beeindruckenden alten Bürgerhäusern gilt als die einzige Straße im Stadtkern, die noch ein Bild vom alten Leipzig vermittelt. Fontane schrieb über diese Straße und ihre Umgebung: „Ich war ganz benommen und möchte behaupten, daß, soweit Architektur und Stadtbild in Betracht kommen, nichts wieder in meinem Leben einen so großen, ja komisch zu sagen, einen so berauschenden Eindruck auf mich gemacht hat wie dieser (...) Weg vom Post- und Universitätsplatz bis in die Hainstraße." Am Ende der Straße stößt man auf den im

Zweiten Weltkrieg stark zerstörten und leider unglücklich wieder aufgebauten Brühl, seit alters her das Zentrum des Rauchwarenhandels. Gleich am Eingang der Straße stand das Geburtshaus von Richard Wagner.

Schlägt man, vom Markt kommend, die Grimmaische Straße Richtung Osten ein, steht man nach etwa 500 Metern auf dem Augustusplatz, dem Karl-Marx-Platz zu DDR-Zeiten. Er ist mit seinen 40 000 Quadratmetern der größte Platz in ganz Deutschland und wurde zur Zeit des Dritten Reiches und der SED-Diktatur zu Aufmärschen mißbraucht. Die Grimmaische Straße verkörperte früher das literarische Zentrum der Stadt, hier befand sich neben zahlreichen Verlagen und Buchläden auch das „Literarische Museum" von Anton Philipp Reclam (1807–96). Zwischen ihr und der Reichsstraße stand früher die Gastwirtschaft und Metzgerei „Fleischbänke". Auf dem Boden des Hauses gastieren reisende Theatergruppen, unter anderem auch die von Friederike Caroline Neuber (1697–1760) in den Jahren 1727 bis 1749 während insgesamt 33 Messen. Sie erhält das sächsische Privileg, in Leipzig ein feststehendes Theater zu führen, und verbannt mit der Aufführung von Dramen in deutscher Hochsprache die derben Hanswurstiaden. Damit schreibt sie Theatergeschichte.

Anstelle des kriegszerstörten Neuen Theaters wird am Karl-Marx-Platz 1961 das Opernhaus eingeweiht. Es erhält eine opulente Innenausstattung, vermittelt aber insgesamt eine etwas steife Atmosphäre.

Das ehemalige Alte Theater stand auf dem heutigen Richard-Wagner-Platz. Hier war 1813/14 E. T. A. Hoffmann als Kapellmeister tätig, hier wurde Schillers „Jungfrau von Orleans" uraufgeführt. Unmittelbar gegenüber der Oper befindet sich das Neue Gewandhaus. Es wird 1981 nach vierjähriger Bauzeit mit einem sechseckigen, knapp 2000 Plätze fassenden Saal und einem etwa 700 Quadratmeter großen Wand- und Deckengemälde fertiggestellt. Das Bild, seinerzeit das größte dieser Art in Europa, beeindruckt besonders bei abendlicher Beleuchtung und dem Blick durch die große gläserne Front. An dem Gelingen des Gewandhausbaus hat der damalige Gewandhauskapellmeister Kurt Masur, vor allem in bezug auf die komplizierte

Die Grimmaische Straße verkörperte früher das Zentrum der Stadt. Hier befanden sich das „Literarische Museum" von Anton Philipp Reclam und die Gastwirtschaft und Metzgerei „Fleischbänke", in der Friederike Caroline Neuber zwischen 1727 und 1749 mit ihrer Theatertruppe gastierte.

Grimmaische Strasse was formerly the city's literary centre. It was the site of Anton Philipp Reclam's Literary Museum and the Fleischbänke inn and butcher's shop, where Friederike Caroline Neuber and her theatre troupe performed between 1727 and 1749.

Where to begin and where to end? Best of all in the city centre, on the market square. Here, on 27 August 1824, shortly after 9 a.m., the last public execution took place, that of the murderer Johann Christian Woyzeck. At the time it created waves throughout Europe on account of the contradictory expert testimony and vociferous demands by the democratic movement for the abolition of the death penalty. Georg Büchner, 1813–37, turned the material into a play, Alban Berg, 1885–1935, into an opera. The scaffold is said to have stood on the very spot where the city coat of arms is now inset into the cobblestones and where the National Socialists burned books they did not like. It goes without saying that to step on this spot brings bad luck.

Johann Gottfried Seume lived at Markt 8 and later diagonally opposite at No. 6. Napoleon, Frederick the Great, Augustus the Strong and Czar Peter the Great stayed on the first floor of the municipal guesthouse (Markt 17), in the stately royal house directly by the entrance to the arcade. An aunt of Richard Wagner's lived on the second floor of the same building. When no high-born visitors were staying in the town, Aunt Friederike allowed her nephew to sleep one floor below in plush and silk. Is this where he got his first inspiration for Wahnfried, his house in Bayreuth?

We have already said enough about Goethe and Schiller. Not, however, about Theodor Fontane, who in 1841 and 1842 worked in the Adler pharmacy at Hainstrasse 9. The house is directly on the left as you leave the market square. At house No. 16/18 was the workshop of Melchior Lotter, 1470–1549, where Luther and Melanchthon had their writings printed. Hainstrasse with its impressive old town houses is regarded as the only street in the city centre which still conveys an image of old Leipzig. Fontane wrote about it and its surroundings: "I was quite dazed and would venture to claim that as far as architecture and townscape are concerned, nothing else in my life has made such a great, indeed strange to say such an intoxicating impression on me as this… way from Postplatz and Universitätsplatz to Hainstrasse." At the end of the street one comes upon the Brühl, severely damaged in the Second World War and badly rebuilt. From time immemorial

this was the centre of the fur trade. Right at the entrance to the street stood the house where Richard Wagner was born. Turning from the market square eastwards along Grimmaische Strasse, after 500 metres one reaches Augustusplatz, known in GDR days as Karl-Marx-Platz. It is 40,000 square metres in area, making it Germany's largest urban square. In the Third Reich and under East Germany's communist dictators it was misused for military parades. In former times Grimmaische Strasse was the city's literary centre, with numerous publishing houses and bookshops as well as the Literary Museum of Anton Philipp Reclam, 1807–96. Between it and Reichsstrasse was the site of the former Fleischbänke inn, once a stage for travelling theatre troupes, including that of Friederike Caroline Neuber, 1697–1760, which between 1727 and 1749 played here during no fewer than 33 fairs. She was then granted the Saxon privilege of running a permanent theatre in Leipzig, whereupon she abandoned the earthy harlequinades to perform plays in High German, thus writing theatrical history.

In 1961 the Opera House was built on Karl-Marx-Platz, on the site of the Neues Theater, which had been destroyed by war. Despite its opulent interior, overall the Opera House conveys a somewhat stiff impression. The erstwhile Altes Theater stood on what is now Richard-Wagner-Platz. E.T.A. Hoffmann was director of music there from 1813 to 1814, and Schiller's "Jungfrau von Orleans"

(Maid of Orleans) had its premiere there. Directly opposite is the Neues Gewandhaus. With its hexagonal hall seating almost 2,000 and a wall and ceiling painting covering around 700 square metres, it took four years to build and was completed in 1981. The painting, at the time the largest of its type in Europe, is particularly impressive when seen illuminated at night through the building's expansive glass facade. Kurt Masur, conductor of the Gewandhaus Orchestra at the time, played a decisive role in the building's success, conducting complicated negotiations with the authorities. The fact that the

Das Opernhaus am Augustusplatz (oben) mit seinem opulent ausgestatteten Foyer (unten) entstand 1956 bis 1961 als erster Theaterbau der DDR.

The Opera House on Augustusplatz (above) with its richly appointed foyer (below), built between 1956 and 1961, was the GDR's first new theatre building.

Die Thomaskirche wurde im 14. und 15. Jahrhundert als spätgotische Hallenkirche unter Einbeziehung von Teilen des romanischen Vorgängerbaus errichtet.

The Thomaskirche, a late Gothic hall church, was built in the fourteenth and fifteenth centuries, incorporating parts of its Romanesque predecessor.

tian Bach, dessen Genius die Leipziger zu seinen Lebzeiten nicht erkannt haben, im kleinen Park vor der Thomaskirche ein Denkmal setzen und seine Musik wiederauferstehen. Etwa 500 Meter weiter östlich liegt in der Goldschmidtstraße 12 das Sterbehaus des Kapellmeisters. Einen Kilometer östlich steht in der Inselstraße 18 eines der vielen Wohnhäuser von Robert und Clara Schumann, sicherlich das malerischste und romantischste. Der Komponist sagt – innerlich zerrissen, wie er einmal ist – über seine Wahlheimat: „Leipzig ist ein infames Nest, wo man seines Lebens nicht froh werden kann – das Geld macht reißende Fortschritte und mehr als man in Collegien und Hörsälen machen kann. (...) Doch bleibt Leipzig noch immer die bedeutendste Stadt, und ich würde jedem jungen Talente raten, dahin zu gehen, wo man so viel gute Musik hört." Ein weiteres Bachdenkmal steht unmittelbar am Eingang zur Thomaskirche am Thomaskirchhof. Hier wohnt von 1723 bis 1750 der Thomaskantor in der späteren abgerissenen Thomasschule. Da er nie Geld hat, stellt ihn der Bildhauer Carl Seffner mit einer ausgestülpten Manteltasche dar. In der rechten Hand hält der Kantor eine Notenrolle, mit der linken greift er nach den Tasten der hinter ihm stehenden Orgel.

Die weltberühmte Thomaskirche wird zwischen 1212 und 1222 als Stiftskirche gebaut. Einige romanische Bauelemente sind bis heute erhalten. Der Hauptteil der Kirche ist allerdings spätgotisch und wird häufig umgebaut. Zu Bachs Zeiten ist die Kirche bereits barockisiert. Sie verfügt heute über zwei Orgeln. Zur besonderen Pflege der Bachschen Musik wird nämlich 1967 zusätzlich zur alten von 1884 eine neue Orgel aufgestellt, die dem Klangideal der alten Meister entsprechen soll. Im Jahre 1950 wird der Sarg des genialen Komponisten von der im Krieg zerstörten Johanniskirche von einem Steinmetzmeister auf einem Handwagen mit den denkwürdigen Worten „Tach, ich bringe Bach" in die Thomaskirche überführt und dort unter Mitwirkung des Thomanerchores in einer Gruft im Altarraum versenkt. Es herrscht auch heute noch eine ergreifende Stimmung, wenn in dieser historischen Kirche zu Füßen seines Grabes eines der Oratorien oder eine der Kantaten Bachs aufgeführt wird.

Verhandlungsführung mit den Behörden, einen entscheidenden Anteil. Seinem bemerkenswerten Verhandlungsgeschick wird es auch zugeschrieben, daß die gereizten DDR-Machthaber im Oktober 1989 kein Militär gegen die demonstrierenden Bürger einsetzen. In seinem eigentlichen Beruf als Kapellmeister stehen ihm andere und besonders frühere Persönlichkeiten aus dem musikalischen Leipzig nicht nach. Der bekannteste von ihnen ist zweifellos Felix Mendelssohn-Bartholdy (1809–47), der das Gewandhausorchester zu Weltruhm führt. Er läßt auch Johann Sebas-

edgy GDR rulers refrained from deploying the army against demonstrating citizens in October 1989 is also attributed to his noteworthy skill as a negotiator. In his actual profession as a conductor he is equalled by other, especially earlier outstanding personalities of musical Leipzig. Best-known among them was indubitably Felix Mendelssohn-Bartholdy, 1809–47, who led the Gewandhaus Orchestra to world fame. He also had a monument erected in the small park in front of the Thomaskirche to Johann Sebastian Bach, whose genius the Leipzigers did not

In der Inselstraße 18 befindet sich eines der vielen Wohnhäuser von Robert und Clara Schumann.

Inselstrasse 18 is one of the many houses where Robert and Clara Schumann lived.

recognise in his lifetime, and revived Bach's music. About 500 metres to the east, at Goldschmidtstrasse 12, is the house where Mendelssohn-Bartholdy died. Around one kilometre further east is Inselstrasse 18, one of the many homes of Robert and Clara Schumann, but surely the most picturesque and romantic. Schumann the composer, inwardly torn as ever, described his chosen home town thus: "Leipzig is an infamous dump where you can never be happy. Money simply runs through your fingers, more than one can earn in lessons and lecture theatres... Yet Leipzig is still the most important city and I would advise every young talent to go where so much good music is heard."

Another memorial to Bach stands in the churchyard directly at the entrance to the Thomaskirche. As choirmaster he lived here from 1723 to 1750 in the Thomasschule, which was later demolished. Since he never had any money, the sculptor Carl Seffner has portrayed him with his coat pocket turned inside out. In his right hand the choirmaster is holding a roll of

sheet music, with the left he is reaching for the keys of the organ behind him.

The world-famous Thomaskirche was built between 1212 and 1222 as a collegiate church. Though some Romanesque elements have been preserved to this day, the main part of the church is Late Gothic and has been frequently altered. In Bach's day the church had already been renovated in Baroque style. It has two organs. In a special effort to cultivate Bach's music, in 1967 a new organ, said to match the tone ideal of the old, was added to the one made in 1884.

Uttering the memorable words "Tach, ich bringe Bach" (Good day, I've brought Bach), a master stonemason in 1950 took the coffin of the composer genius on a handcart from the Johanniskirche, which had been destroyed in the war, to the Thomaskirche, where, to the accompaniment of the Thomaner Choir, it was lowered into a vault in the chancel. To this day a moving atmosphere prevails when one of Bach's oratorios or cantatas is performed in this historic church at the foot of his grave.

Der repräsentative Mende-
brunnen mit wasserspeienden
Bronzefiguren steht auf
dem Augustusplatz zwischen
dem Gewandhaus und der
Oper, die links im Hintergrund zu sehen ist. Er wurde
von der Kaufmannswitwe
Marianne Pauline Mende
gestiftet, vom Nürnberger
Architekten Adolph Gnauth
entworfen und 1886 durch
Hugo Licht vollendet. Das
Opernhaus mit opulenter
Innenausstattung stammt aus
dem Jahre 1961 und war
der einzige Opernneubau der
DDR.

The imposing Mendebrun-
nen with its water-spouting
bronze figures stands on
Augustusplatz between the
Gewandhaus and the Opera,
which can be seen on the
left in the background. The
fountain was endowed by
Marianne Pauline Mende, a
merchant's widow, designed
by the Nuremberg architect
Adolph Gnauth and completed by Hugo Licht in 1886.
The opera house with its
opulent interior decor dates
from 1961 and was the only
new opera house to be built
in the GDR.

Das Neue Gewandhaus am Augustusplatz, hier hinter dem Mendebrunnen, wurde 1981 nach vierjähriger Bauzeit fertiggestellt. Der sechseckige Konzertsaal des Hauses kann fast 2000 Zuhörer aufnehmen. Im Eingangsbereich befindet sich ein etwa 700 Quadratmeter großes Wand- und Deckengemälde. Der bekannteste Gewandhauskapellmeister war Felix Mendelssohn-Bartholdy (1809–47), der das hier logierende Gewandhausorchester zu Weltruhm führte.

The Neues Gewandhaus on Augustusplatz, seen here behind the Mendebrunnen, was completed in 1981 after building works that lasted four years. The hexagonal concert hall can accommodate an audience of almost 2,000. The entrance foyer has an enormous wall and ceiling painting around 700 square metres in area. The best-known Gewandhaus director of music was Felix Mendelssohn-Bartholdy (1809–47), who led its orchestra to world fame.

Im Altarraum der Thomas-
kirche, an deren Wänden die
Porträts von Superintenden-
ten und Pfarrern hängen, ist
Johann Sebastian Bach be-
graben. Sein Sarg wurde 1950
aus der im Krieg zerstörten
Johanniskirche in die
Thomaskirche überführt
und dort unter musikalischer
Mitwirkung des Thomaner-
chors in einer Gruft beige-
setzt. Es ist auch heute noch
ein erhebendes Erlebnis,
wenn in dieser historischen
Kirche zu Füßen seines
Grabes eines der Oratorien
oder eine der Kantaten
des Komponisten aufgeführt
wird.

Johann Sebastian Bach is
buried in the chancel of the
Thomaskirche, whose walls
are hung with portraits of
church superintendents and
pastors. In 1950 his coffin
was transferred from the
Johanniskirche, which had
been destroyed in the war, to
the Thomaskirche, where it
was entombed to the accompaniment of the Thomaner
choir. Even now it is an up-
lifting experience to hear one
of the composer's oratorios
or cantatas performed at
the foot of his tomb in this
historic church.

In der zweiten Hälfte des 19. Jahrhunderts wird Leipzig ein Industriestandort ersten Ranges. Diese Funktion ist nach dem Zweiten Weltkrieg und nach der deutschen Wiedervereinigung weitgehend verlorengegangen. In Zukunft wird es darauf ankommen, das Sterben des produzierenden Gewerbes durch einen Aufschwung im Dienstleistungssektor abzufangen, um der Stadt neue Wirtschaftskraft zu verleihen.

Gradmesser der wirtschaftlichen Verfassung ist die Leipziger Messe. Sie findet im Mittelalter als reine Warenmesse auf dem Markt, später in speziellen Handelshäusern mit Durchgangshöfen statt; der einzig erhalten gebliebene ist Barthels Hof am Markt aus dem frühen 16. Jahrhundert. Von alters her gilt Leipzig als das Tor nach Osteuropa: Viele Kaufleute aus Polen, Rußland und dem Baltikum, aber auch vom Balkan aus Südosten kommend, schlagen hier in Sachsen ihre Waren um. Im 19. Jahrhundert werden in der Innenstadt zahlreiche Messehäuser gebaut, die zum Teil heute noch genutzt werden, deren Fläche aber aufgrund des zunehmenden Warenangebots bald nicht mehr ausreicht. Im Süden der Stadt wird in den 1920er Jahren die technische Messe mit etwa 50 Messehallen aus der Taufe gehoben, die Leipzig zum ersten Welthandelsplatz macht. Am Nord-, West- und Südeingang des Messegeländes befinden sich etwa 27 Meter hohe Tore, die ein doppeltes M (für **M**uster**m**esse) darstellen.

Danach blockiert staatliche Planwirtschaft mit organisierten Universalmessen und Unterbindung des freien Handels, der für Leipzig so wichtig ist, jeden Fortschritt; es fehlt an neuen Konzepten und tragenden Gedanken. Nach der Wende 1989/90 nimmt Leipzig nur noch einen mittleren Rang unter den deutschen Handelsplätzen ein. Aber die Erinnerung an vergangene Tage und Tugenden ist noch frisch und der Wille zum Aufschwung groß: „Leipzig kommt!" Und die Neue Messe auch. In einer Rekordzeit von nur fünf Jahren wird ein hypermoderner Ausstellungs- und Kongreßkomplex mit einer gigantischen Glashalle auf der Fläche von 1,8 Millionen Quadratmetern auf die grüne Wiese im Norden von Leipzig gestellt, der alle Unkenrufe Lügen straft. Neben seiner Funktion für Handel und Warenpräsentation dient das Gelände auch als Veranstaltungsort für gesellschaftliche Großereignisse.

Nach der Wende lassen sich über 100 Bankinstitute in der Stadt nieder und nutzen die zentrale Lage in einem Ballungsraum, vergleichbar dem an Rhein und Main. 20 000 neue Arbeitsplätze entstehen in nur wenigen Jahren. Bankgebäude schießen wie Pilze aus dem Boden. Alte, repräsentative Gebäude werden saniert und umgebaut, wie das der Deutschen Bank am Martin-Luther-Ring unmittelbar neben dem Neuen Rathaus, der Dresdner Bank am Augustusplatz, der Commerzbank in den Räumen eines ehemaligen Kaufhauses mit wunderschöner Jugendstilfassade gleich neben der Thomaskirche. Ähnlich imposant kehrt auch die Versicherungsbranche nach Leipzig zurück.

In unmittelbarer Nähe zur Neuen Messe wurde das modernste und größte Versandhaus der Welt von dem Fürther Unternehmen Quelle gebaut. Im Süden von Leipzig ist die sogenannte BIO CITY entstanden. Sie dient als „Inkubator für junge, innovative Firmen" wie die media city, eine privatwirtschaftliche Kommunikationsplattform, oder das Max-Planck-Institut für evolutionäre Anthropologie.

Der Mitteldeutsche Rundfunk, der als Sendeanstalt der ARD für die Bundesländer Sachsen, Sachsen-Anhalt und Thüringen fungiert, hat seine Zelte auf dem Gelände des ehemals größten Schlachthofs Europas ebenfalls im Süden der Stadt aufgeschlagen. Neben Porsche montiert auch BMW Autos im Norden von Leipzig: Porsche hat seinerzeit 100 Millionen Mark in ein neues Werk investiert, in dem pro Jahr 20 000 Exemplare

des „Cayenne" produziert werden. BMW hat sich zum Bau einer Fabrik auf einem Areal von 500 Hektar entschieden, in der von 2005 an täglich 650 Modelle der Dreier-Reihe vom Band rollen sollen. Schon diese wenigen Beispiele machen deutlich, welche tiefgreifenden Veränderungen mit der Wiederbelebung der Wirtschaft einhergehen.

Blick vom Schwanenteich zum Wohnhochhaus am Hauptbahnhof (oben).

View from the Schwanenteich to an apartment block near the main railway station (above).

Das ehemalige Hotel Astoria unmittelbar neben dem Hauptbahnhof war einst das größte und eleganteste in der Stadt (unten).

The former Hotel Astoria (below) next to the main railway station used to be the largest and most elegant in the city.

In the second half of the nineteenth century Leipzig was a major centre of industry. After World War II and since German reunification it has largely forfeited this status. The decline of manufacturing industry will continue to need to be offset by a boom in the services sector if the city is to regain economic muscle.

A yardstick of its economic condition is the Leipzig Fair. In the Middle Ages consisted solely of merchandise trade on the Markt. Special interlinked fair buildings were later added. The only one of its kind that survives is Barthels Hof, an early sixteenth-century building on the Markt. Leipzig has long been regarded as the gateway to Eastern Europe. Many merchants from Poland, Russia and the Baltic, and from the Balkans too, traded their wares in Saxony. In the nineteenth century many a new Messehaus, or trade fair building, was added. Some still survive and are still in use, but with the growing number of goods on offer their floor space was soon inadequate. In the south of the city the Technische Messe, with about 50 trade fair halls, was built in the 1920s. It made Leipzig the world's premier trade fair venue. At the northern, western and southern entrances to the trade fair grounds, gateways 27 metres high feature the Leipzig Fair logo, a double "m" (for **M**uster**m**esse).

Later, state planning, organised universal fairs and an end to free trade, which has always been so important for Leipzig, blocked progress of any kind. There was a shortage of new ideas and underlying concepts. Since German reunification in 1989/90 Leipzig has been no more than in the midfield of German trading centres, but memories of bygone days and virtues are still fresh, and the desire for economic recovery is powerful. "Leipzig is coming!" is the city's advertising slogan – and so is the new trade fair centre. In a record five years an ultramodern exhibition and convention centre with a gigantic hall of glass was built on a 1.8-million-square-metre greenfield site to the north of Leipzig, giving the lie to prophecies of gloom and doom. In addition to its role for trade and the presentation of goods, the Neue Messe, or new trade fair centre, is increasingly used as a venue for other major events.

Since German reunification over 100 banks have set up in business in the city,

making use of its central location in a conurbation comparable with the Rhine-Main region and creating 20,000 new jobs in just a few years. Bank buildings are mushrooming. Old showpiece buildings are being renovated and converted, such as the Deutsche Bank building on Martin-Luther-Ring next to the Neues Rathaus, the Dresdner Bank building on Augustusplatz and the Commerzbank building in what used to be a department store, with a magnificent Jugendstil exterior, next to the Thomaskirche. The insurance trade has returned to Leipzig in comparable splendour.

In the immediate vicinity of the Neue Messe trade fair grounds, the Fürth-based Quelle Group has built the world's largest and most state-of-the-art mail order house. In the south of the city the so-called BIO CITY has taken shape. It serves as an "incubator for young and innovative enterprises" such as media city, a private-sector communications platform, or the Max Planck Institute of Evolutionary Anthropology.

Mitteldeutscher Rundfunk, the public broadcasting corporation that serves the federal states of Saxony, Saxony-Anhalt and Thuringia, has also taken up residence in the south of the city on the site what used to be the largest abattoir in Europe, while in the north, Porsche and BMW both have set up factories where cars are assembled. Porsche has at time invested DM 100 million in a new factory which is producing 20,000 Cayennes per year. BMW has decided to build a factory on a 500-hectare

site where, from 2005, 650 BMW 3-series models are scheduled to roll off the conveyor belt each day. This list is by no means complete but must suffice as an indication of the changes that have accompanied the city's economic revival.

After the collapse of East Germany, opencast brown coal mining to the south of the city, with its far-reaching environmental sins, went into a decline comparable with that of the Leipzig Fair after World War II. So did mechanical engineering and printing and publishing, which in 1939 comprised over 400 publishers and 330 printers and was concentrated in an area of its own to the east of the Hauptbahnhof and Augustusplatz. Leipzig was where the German book trade's heart used to beat, names such

Hinter der Oper lädt eine Parkanlage mit Schwanenteich zum Verweilen ein. Hier dichtete der Freiheitskämpfer Theodor Körner als Student am 24. April 1813 das bekannte Lied von „Lützows wilder verwegener Jagd"(„Das Lützowsche Freikorps").

Behind the Opera House a park and swan pond invite you to take a closer look at them. It was here, on 24 April 1813, that the freedom fighter Theodor Körner, while still a Leipzig student, wrote his well-known song about Lützow's wild and daring dash ("Das Lützowsche Freikorps").

Einen ähnlichen Niedergang wie die Messe nach dem Zweiten Weltkrieg erleben nach dem Zusammenbruch der DDR der große Braunkohletagebau mit seinen weitreichenden Umweltsünden im Süden der Stadt, der Maschinenbau sowie das graphische Gewerbe, das 1939 eine Konzentration von 400 Verlagen und 330 Buchdruckereien verzeichnen konnte und in einem eigenen Stadtviertel östlich des Hauptbahnhofes und des Augustusplatzes zu Hause war. In Leipzig schlug das Herz des deutschen Buchhandels: Brockhaus, Insel, Baedeker, Seemann, Edition Peters, Breitkopf und Härtel, auch der erste Verlag von Ernst Rowohlt (1887–1960) und viele viele andere waren hier ansässig.

Ein besonderes Industriedenkmal, das mit einer Fläche von 100 000 Quadratmetern Deutschlands größtes ist, stellt der Elsterpark auf dem Gelände der einstigen Buntgarnwerke im Stadtteil Plagwitz dar. Der Industriestandort im Südwesten der Stadt mit Eisengießereien, Maschinen- und Textilfabriken war seinerseits so bedeutungsvoll, daß 1864 ein separater Schiffskanal

von der Saale zur Weißen Elster zwecks besserer Anbindung gebaut wurde. Auf den künstlichen und natürlichen Wasserstraßen des ehemaligen Industriegebiets verkehren, seitdem sich die Wasserqualität deutlich verbessert hat, wieder Vergnügungsboote. Die riesigen, zwischen Weißer Elster und Nonnenstraße gelegenen Fabrikgebäude wurden liebevoll restauriert und für den Handel und das Dienstleistungsgewerbe umfunktioniert. Industrieanlagen gibt es nicht mehr. Ob allerdings die erste Flußbadeanstalt Deutschlands an der Pleiße wieder reaktiviert wird, bleibt zweifelhaft.

Neben dem Bau des Güterverkehrszentrums in Radeberg bei Leipzig, in den etwa 2 Milliarden Mark investiert und durch den 8 000 Arbeitsplätze entstanden sind, macht insbesondere der neue Flughafen in Schkeuditz Schlagzeilen: Er besitzt eine neue 3 600 Meter lange Start- und Landebahn und eine ICE-Anbindung, ist 24 Stunden geöffnet und auf Wachstum ausgelegt: 2010 sollen 7 Millionen Passagiere jährlich abgefertigt werden.

Das größte Industriedenkmal Deutschlands ist in der Nonnenstraße im Stadtteil Plagwitz im Stil der Gründerzeit entstanden. Hier stellte man vor hundert Jahren Textilien bzw. Garne her. Nach der Wende wurde die Fabrikation eingestellt und das imposante, großzügige Gebäude originalgetreu restauriert. Jetzt wird es als Dienstleistungszentrum und für Wohnungen genutzt.

Germany's largest industrial monument has taken shape in late-nineteenth century splendour on Nonnenstrasse in the Leipzig suburb of Plagwitz. A century ago, yarn and textiles were manufactured here. After reunification, production was discontinued and the impressive, amply-proportioned building was restored to its original style. It now houses business premises for the service sector and attractive apartments.

Blick auf den Karl-Heine-Kanal. Der Industriestandort Leipzig war in der zweiten Hälfte des 19. Jahrhunderts so bedeutend, daß 1864 ein künstlicher Wasserweg von der Saale zur Weißen Elster angelegt wurde.

A view of the Karl-Heine-Kanal. In the second half of the nineteenth century Leipzig was such an important industrial centre that in 1864 an artificial waterway was built to link the Saale and the Weisse Elster.

as Brockhaus, Insel, Baedeker, Seemann, Edition Peters, Breitkopf & Härtel, the first publishing house founded by Ernst Rowohlt, 1887–1960, and many others were based there.

A special industrial monument, and the largest in Germany, covering a surface area of 100,000 square metres, is the Elsterpark on the site of what used to be a yarn factory in Plagwitz. This entire industrial area in the south-west of the city, with its iron foundries, engineering works and textile factories, was once so important that in 1864 a ship canal was specially built to link the Saale and the Weisse Elster and provide better access to it. Pleasure boats are sailing once more on the artificial and natural waterways of the former industrial area now the water quality has taken a marked turn for the better. The gigantic factory buildings between the Weisse Elster and Nonnenstrasse were lovingly restored and converted for commercial use by the trade and service sectors. Manufacturing industry no longer exists. Nonetheless, it remains doubtful whether Germany's first

river-swimming bath on the Pleisse will be reactivated.

Together with the building of the goods transport centre in Radeberg near Leipzig, in which roughly DM 2 billion was invested and which has created 8,000 jobs, it is the new airport in Schkeuditz that has hit the headlines. It has a new, 3,600-metre runway and a high-speed rail link, is open round the clock, and designed for growth. By 2010, 7 million passengers are set to pass trough it each year.

Für den imposanten Eingang der Glashalle auf der Neuen Messe wurden 5 200 farblose Scheiben verbaut. Der neue Messekomplex wurde von dem Architektenbüro von Gerkan, Marg und Partner entworfen.

5,200 panes of clear glass were used for the impressive entrance to the central hall of glass at the Neue Messe. The new trade fair complex was completed after German reunification in a record five years.

Blick aus dem gläsernen Kubus des modern gestalteten Museums für bildende Künste auf dem Sachsenplatz im Zentrum von Leipzig. Das vom Architekturbüro Hufnagel/Pütz/Rafaelian entworfene Gebäude wurde nach vierjähriger Bauzeit im Dezember 2004 eröffnet. Die gläserne Hülle ermöglicht es dem Besucher auch während des Ausstellungsbesuches, in ständigem Sichtkontakt zur Stadt zu bleiben und einzelne Stadtteile, wie den im Hintergrund sichtbaren Brühl, zu entdecken. Der Brühl war vor dem 2. Weltkrieg das Zentrum der europäischen Kürschnerzunft. Hier gab es edle Geschäfte, hier wurde flaniert, hier wurden wertvolle Pelze zu Markte getragen.

A view from the modern plate-glass cube of the Museum of Fine Arts at Sachsenplatz in the centre of Leipzig. Designed by architects Hufnagel/Pütz/Rafaelian, it took four years to complete and was opened in December 2004. Through the glass shell, visitors can keep a constant eye on the city while visiting an exhibition and can discover individual city districts such as Brühl, seen here in the background. Before World War II, Brühl was the centre of the European fur trade. Here were the exclusive shops, here was where people went for a stroll and where valuable furs were bought and sold.

Das Stadtbad in der Eutritzscher Straße 21 wurde noch vor dem Ersten Weltkrieg erbaut und zeugt vom Wohlstand der Leipziger Bürger zur damaligen Zeit. Das stattliche Gebäude ist in den letzten Jahren in altem Glanz wiedererstanden. Besonders eindrucksvoll ist die Inneneinrichtung, die sowohl orientalische Elemente enthält als auch ein Spiegelbild der Biedermeierzeit darstellt.

The Stadtbad (Municipal Baths) at Eutritzscher Strasse 21 was built before World War I and testifies to the prosperity of Leipzig's citizens in those days. In recent years the majestic building has bas been restored to its former glory. Particularly impressive is the interior with its fascinating mix of Biedermeier and oriental elements.

Die Universitätsbücherei in der Beethovenstraße 6 ist architektonisch mit dem bekannteren ehemaligen Reichsgericht verwandt und ihm unmittelbar benachbart. Sie wurde von dem Leipziger Architekten Arwed Roßbach im Stil der italienischen Hochrenaissance von 1887 bis 1891 prunkvoll erbaut. Ein für seine Fresken berühmtes Treppenhaus sowie der wunderschöne Lesesaal gingen im Krieg verloren. Hier wird neben etwa 700 wertvollen Papyri auch eine Gutenbergbibel aufbewahrt.

The University Library at Beethovenstrasse 6 is architecturally linked with the better-known former Reichsgericht court building immediately adjacent. Designed by the Leipzig architect Arwed Rossbach in Italian high Renaissance style, the magnificent building was constructed between 1887 and 1891. A famous staircase renowned for its frescos and the beautiful reading room were lost in the war. In addition to around 700 valuable papyruses, the libary holds a Gutenberg Bible.

Unmittelbar neben der
Thomaskirche an der Ecke
Thomaskirchhof/Kloster-
gasse steht ein sehenswertes,
wunderschön restauriertes
Jugendstilhaus, in dem heute
die Commerzbank ihren
Sitz hat. Im Nachbarhaus,
das einige Jahrhunderte älter
ist, aber in nicht minderem
Glanz erstrahlt, ist die altehr-
würdige Gaststätte „Paulaner"
untergebracht.

Immediately adjacent to the
Thomaskirche on the corner
of Thomaskirchhof and
Klostergasse stands an interesting, beautifully restored
art nouveau building, now
the Commerzbank headquar-
ters. The building next door,
several centuries older but
no less attractive, houses the
old-established Paulaner inn.

Leipzig ist untrennbar mit seiner Messe verbunden. Die Leipziger Messe bewährt sich seit alters her als Mittler zwischen Ost und West und wurde über Jahrhunderte hinweg als „Marktplatz Europas" bezeichnet. Im Mittelalter fand sie als reine Warenmesse auf dem Markt und in speziellen Handelshäusern mit Durchgangshöfen statt. In den zwanziger Jahren des 20. Jahrhunderts wurde im Süden der Stadt die Technische Messe mit etwa 50 Messehallen aus der Taufe gehoben, auf der in erster Linie schwere Industrieexponate zu sehen waren und die Leipzig zum ersten Welthandelsplatz machte. 1996 wurde die Neue Messe eingeweiht, in deren Zentrum eine Glashalle steht.

Leipzig is inseparably linked with its Messe, or fair. From early on, the Leipzig Fair established itself as a mediator between East and West, and was known for centuries as the "market-place of Europe." In the Middle Ages it was purely a goods fair which took place on the market square and in special trading halls linked by passages. The 1920s saw the building in the south of the city of the Technische Messe with around 50 exhibition halls. Used primarily for exhibiting heavy industrial products, it made Leipzig the first global trading centre. The Neue Messe with its central glass hall was formally opened in 1996.

Bach-Denkmal am Dittrichring
Bach-Monument on Dittrichring

Wasserfontänen im Clara-Zetkin-Park
A fountain in the Clara-Zetkin-Park

Alma mater lipsiensis: Sie wird am 2. Dezember 1409 im Thomaskloster von deutschen Professoren und Studenten aus Prag gegründet und ist nach Heidelberg die zweitälteste Universität in Deutschland. Das repräsentative Hauptgebäude am Augustusplatz wird im Zweiten Weltkrieg ausgebombt. An seine Stelle setzt man 1971 einen schmucklosen Zweckbau mit einem sieben Meter hohen und 14 Meter breiten Bronzerelief des sozialistischen Realismus, das den „Marxismus-Leninismus unserer Epoche" versinnbildlichen soll. Der Abriß dieses Gebäudes und Neubau eines repräsentativen Nachfolgebaus mit Einbeziehung der Universitätskirche ist beschlossen und soll anläßlich der 600-Jahrfeier der Universität 2009 abgeschlossen sein. 1973 wird gleich daneben das 34geschossige Universitätshochhaus in Form eines aufgeschlagenen Buches mit Panorama-Café eingeweiht.

Die **Alte Börse** am Naschmarkt unmittelbar hinter dem Alten Rathaus, auf dem über Jahrhunderte hinweg Obst zum „Naschen" verkauft wird, ist Leipzigs erster und wohl schönster Barockbau mit deutlichen Stilmerkmalen der Hochrenaissance. Als erster Bau nach dem Dreißigjährigen Krieg entsteht sie 1678 bis 1687 in symmetrischer Bauweise und dient als Versammlungsraum der Kaufleute sowie dem Börsengeschäft. Auf der Balustrade stehen vier Statuen, die Merkur, Apollo, Venus und Minerva darstellen und der Werkstatt des Bildhauers Johann Caspar Sandmann (1642–95) entstammen. Vor dem wunderschönen Gebäude befindet sich das Goethedenkmal. Der junge Dichter, der hier von 1765 bis 1768 studiert, macht sich gerade, ein Gedichtbändchen unter dem Arm tragend, auf in „Auerbachs Keller". Die Medaillons am Sockel zeigen zwei seiner damaligen Freundinnen: Die hübsche Wirtstochter Käthchen Schönkopf an der Ostseite und Friederike Oeser, die intelligente Tochter des Akademiedirektors, an der Westseite.

An der Nordseite des rechteckigen Marktes steht die **Alte Waage**, die 1943 vollständig zerstört, Anfang der sechziger Jahre aber stilgerecht mit Renaissance-Elementen wiederaufgebaut wurde. Wie das Alte Rathaus entstand sie nach Entwürfen von Hieronymus Lotter (um 1540–84).

Bach-Denkmale: Bach, der von 1723 bis 1750 in Leipzig wohnte, genießt im Gegensatz zur damaligen Zeit heute in Leipzig höchste Wertschätzung. So wie in Salzburg allerorts Mozartkugeln angeboten werden, erfreuen sich in Leipzig schokoladene Bachmedaillons großer Beliebtheit.

Das von Felix Mendelssohn Bartholdy 1843 gestiftete Bach-Denkmal steht am Dittrichring in einer Parkanlage, ein weiteres wesentlich imposanteres überlebensgroßes unmittelbar am Eingang zur Thomaskirche.
Die Leipziger teilen uneingeschränkt die Meinung Beethovens, der gesagt hat: „Meer müßte er heißen, nicht Bach", und stimmen mit Goethe überein, wenn er über Bach sinniert: „Als wenn die ewige Harmonie sich mit sich selbst unterhielte".

Belantis: Im ehemaligen Braunkohletagebaugebiet im Leipziger Süden ist im Jahr 2003 auf einer Fläche von 25 Hektar ein attraktiver Vergnügungspark mit aufwendiger Wasserbahnkonstruktion eröffnet worden.

Leipzig verfügt trotz seiner Urbanität unmittelbar neben dem Altstadtkern über einen wunderschönen Auenwald, der teilweise als englischer Landschaftspark mit altem Baumbestand angelegt ist (**Clara-Zetkin-Park**). Der benachbarte, zentral gelegene Johannapark wird 1858 von dem bekannten Landschaftsgestalter Peter Joseph Lenné (1789–1866) mit einem von einer Holzbrücke überspannten Doppelteich entworfen.

Eisenbahnobelisk: Da am 7. August 1839 die erste deutsche Ferneisenbahn von Leipzig nach Dresden abfährt, wird zu Ehren der Initiatoren 1876 ein Denkmal errichtet, das sich in der Richard-Wagner-Straße unmittelbar gegenüber dem Hauptbahnhof befindet und gegenwärtig restauriert wird.

Die **friedliche Revolution 1989**, die zur Auflösung der DDR beitrug, nimmt von Leipzig ihren Ausgang. In beispielhafter Friedfertigkeit und Besonnenheit, die Angst vor militärischer Intervention der Volksarmee oder sowjetischer Streitkräfte wie beim Volksaufstand 1953 im Rücken, zeigen die Bürger der Stadt mit Demonstrationen und in Gottesdiensten gesellschaftliche Fehlentwicklungen auf und fordern Reformen, die schließlich auf den Weg in die Wiedervereinigung Deutschlands im folgenden Jahr führen.

Das weltbekannte **Gewandhausorchester**, das seinen Namen vom Gewandhaus, dem Zunfthaus der Leipziger Tuchmacher, erhalten hat, in dessen neu ausgebautem Saal es seit 1781 wöchentlich auftritt, prägt die Stadt Leipzig maßgeblich. Es bekommt später sein Domizil in einem wunderschönen Konzerthaus neben dem ehemaligen Reichsgericht. Nach dessen Zerstörung im Zweiten Weltkrieg weicht das Orchester in die Kongreßhalle am Zoo aus, bis es

1981 in das neue Haus am Augustusplatz einziehen kann. In der Eingangshalle befindet sich eine sitzende Beethoven-Plastik von Max Klinger. Bedeutende Kapellmeister sind Felix Mendelssohn-Bartholdy (1809–47), Arthur Nikisch (1855–1922), Wilhelm Furtwängler (1886–1954), Franz Konwitschny (1901–62) und Kurt Masur (geb. 1927).

Das **Gohliser Schlößchen** ist als harmonischer Barock- und Rokokobau eine kleine Kostbarkeit unter den Sehenswürdigkeiten der Stadt. Es liegt wie das Schillerhaus in der Menckestraße und wird im Jahre 1756 noch vor dem Siebenjährigen Krieg als Sommersitz eines Leipziger Rats- und Kaufherrn errichtet.

Hahnemann-Denkmal: Es befindet sich am Richard-Wagner-Platz und ist dem Begründer der Homöopathie, Samuel Hahnemann (1755-1843) gewidmet, der von 1816 bis 1822 an der Leipziger Universität lehrt, auf Betreiben der hiesigen Apotheker jedoch ausgewiesen wird und sich später in einer international bekannten Praxis in Paris niederläßt.

Die **Hochschule für Musik und Theater** ist die älteste Einrichtung ihrer Art in Deutschland und wird 1843 unter Mendelssohn-Bartholdy, dessen Namen sie trägt, als „Conservatorium der Musik" gegründet. Der monumentale Prachtbau der Hochschule wird 1885 bis 1887 von Hugo Licht in unmittelbarer Nähe des alten, im Krieg zerstörten Gewandhauses in einer Querstraße hinter dem alten Reichsgericht in der Grassistraße gebaut. Hier wird unter anderem auch der norwegische Komponist Edvard Grieg (1843–1907) ausgebildet.
Schräg gegenüber befindet sich die **Hochschule für Grafik und Buchkunst** in einem ähnlich imposanten Bau. Sie geht auf das Jahr 1764 zurück und hieß damals Kunstakademie. Beide Hochschulen liegen im „Musikviertel", in dem noch viele weitere repräsentative Gebäude aus der Gründerzeit stehen.

Iskra-Gedenkstätte: Lenin ist insgesamt sechs Mal in Leipzig und läßt hier 1900/01 die ersten fünf Ausgaben der gesamtrussischen marxistischen Zeitung „Iskra" (Funke) in der Druckerei der Arbeiterturnzeitung in Leipzig-Probstheida (Russenstraße 48) drucken, wo jetzt eine Gedenkstätte eingerichtet ist.

Theodor Körner (1791–1813) ist Student in Leipzig und dichtet am 24. April 1813 auf dem Schneckenberg, wo sich jetzt das Opernhaus befindet, das bekannte Lied von „Lützows wilder verwegener Jagd". Es existiert eine Reihe von Körnerdenkmälern in und um Leipzig (Körners Eltern stammen von hier), die auf die Befreiungskriege zurückgehen. Das wohl bekannteste stand am Martin-Luther-Ring schräg gegenüber dem Neuen Rathaus, wo der Dichter und Patriot nach seiner Verwundung am 17. Juni 1813 gesundgepflegt wird. Körner fällt zwei Monate später in einem Gefecht bei Gadebusch durch eine französische Kugel.

Alma mater lipsiensis: The university was founded on 2 December 1409 by German professors and students from Prague in the Thomaskloster, or St Thomas's Monastery, and is Germany's second-oldest (Heidelberg is the oldest). The representative main building on Augustusplatz was bombed in World War II and replaced in 1971 by a plain building with a bronze relief 7 metres high and 14 metres wide that was intended to symbolise "Marxism-Leninism in our time" in the manner of Socialist Realism. The demolition of this building and construction of a representative successor that will include the university church has been decided and is scheduled for completion in time for the university's 600th anniversary celebrations in 2009. In 1973 it was joined by the university building, a 34-storey tower block in the shape of an open book and incorporating a cafe with a panoramic view.

The **Alte Börse**, or Old Stock Exchange building, on Naschmarkt immediately behind the Altes Rathaus, was Leipzig's first and is surely still its finest Baroque building with distinctive stylistic elements of the High Renaissance (naschen, as in Naschmarkt, means to eat something sweet, and for centuries a fruit market was held on the square). The Alte Börse served as a meeting place for merchants and as a stock exchange. Built between 1678 and 1687 to look symmetrical, it was the first building to be built in the city after the Thirty Years' War, 1618–48. The four statues on the balustrade represent Mercury, Apollo, Venus and Minerva and were made in the workshop of Johann Caspar Sandmann, 1642–95. In front of this magnificent building stands the Goethedenkmal (Goethe Monument). It shows the young poet, who studied here from 1765 to 1768, heading for Auerbachs Keller with a book of poems under his arm. The medallions on the base portray two of his girlfriends at the time, the pretty landlord's daughter Käthchen Schönkopf to the east and Friederike Oeser, the intelligent daughter of the academy director, to the west.

On the northern perimeter of the Markt, or market square, stands the **Alte Waage**, or Old Weighbridge, which was bombed flat in 1943 and rebuilt in the early 1960s, true to its original Renaissance style. Like the Altes Rathaus, it was designed by Hieronymus Lotter, c. 1540–84.

Bach Monuments: Bach lived in Leipzig from 1723 to 1750 and, not liked in those days, is now highly esteemed in the city. In the same way as Mozart chocolates are on sale everywhere in Salzburg, chocolate Bach medallions are very popular in Leipzig.
The Bach Monument donated by Felix Mendelssohn Bartholdy in 1843 stands in a park on Dittrichring, while another, far more imposing, larger-than-lifesize statue stands directly by the entrance to the Thomaskirche.
Leipzigers unreservedly agree with Beethoven, who said: "He should have been called Meer (Sea), not Bach (Brook)," and with Goethe, who wrote of Bach's music: "As if eternal harmony were conversing with itself."

Belantis: In what used to be brown coal open-cast workings in the south of Leipzig an attractive amusement park built on a 25-hectare site was opened in 2003. It features a lavish water chute.

Despite being a city, Leipzig boasts truly beautiful woodland right next to the city centre. Part of it, the **Clara-Zetkin-Park**, is laid out as an English-style landscaped park with fine old trees. The adjoining Johannapark was laid out by the well-known landscape gardener Peter Joseph Lenné, 1789–1866, in 1858 and features a double pond crossed by a wooden bridge.

The **Eisenbahnobelisk**, or Railway Obelisk, was erected in 1876 to commemorate the initiators of Germany's first long-distance railway, which ran from Leipzig to Dresden and was inaugurated on 7 August 1839. It is in Richard-Wagner-Strasse, right opposite the main railway station, and is currently being restored.

East Germany's **Friedliche Revolution**, or Peaceful Revolution, of 1989, which led to the collapse of the communist German Democratic Republic (GDR), began in Leipzig. In an exemplary display of peaceableness and self-possession, in constant fear of military intervention by the People's Army or the Soviet armed forces as in the 1953 popular uprising, the people of Leipzig drew attention, by demonstrations and church services, to social misdevelopments. They called for reforms that eventually led, a year later, to the reunification of Germany.

The world-renowned **Gewandhausorchester**, named after the Gewandhaus, or cloth merchants' guild house, where it played once a week in the newly redecorated hall from 1781, has very much made its mark on the city. It was later housed in a magnificent concert hall next to the former Reichsgericht building. After that building was destroyed in World War II, the orchestra moved to the Kongresshalle near the zoo, from which it returned to a new home on Augustusplatz in 1981. A seated statue of Beethoven, the work of Max Klinger, is in the lobby. Leading Gewandhausorchester conductors have included Felix Mendelssohn-Bartholdy, 1809–47, Arthur Nikisch, 1855–1922, Wilhelm Furtwängler, 1886–1954, Franz Konwitschny, 1901–62 and Kurt Masur, born in 1927.

Gohlis Schlösschen, a harmonious Baroque and Rococo building, is a jewel among the city's sights. Like the Schillerhaus, it is on Menckestrasse and was built in 1756, before the Seven Years' War, as the summer residence of a Leipzig merchant and councillor.

The **Hahnemann-Denkmal**, or Hahnemann Monument, on Richard-Wagner-Platz is a memorial to Samuel Hahnemann, 1755–1843, the founder of homoeopathic medicine, who taught at Leipzig University from 1816 to 1822 but was expelled at the instigation of local apothecaries and later set up in practice in Paris, where he enjoyed international repute.

The **Hochschule für Musik und Theater**, or College of Music and Drama, is the oldest of its kind in Germany. It was founded in 1843 by Mendelssohn-Bartholdy, whose name it bears. Its magnificent monumental building was designed by Hugo Licht and built between 1885 and 1887 in the immediate vicinity of the old Gewandhaus, destroyed in World War II, in Grassistrasse behind the old Reichsgericht building. Its students have included the Norwegian composer Edvard Grieg, 1843–1907.
The **Hochschule für Grafik und Buchkunst**, or College of Commercial Art and Typography, is housed in a no less impressive building opposite the College of Music and Drama. It dates back to 1764, when it was known as the Academy of Art. Both colleges are located in the Musikviertel, which boasts many other fine turn-of-the-century buildings.

The **Iskra-Gedenkstätte**, or Iskra Memorial, commemorates Lenin, who visited Leipzig on six occasions and in 1900/01 had the first five issues of the all-Russian Marxist newspaper "Iskra" (The Spark) printed at the printing works of a workers' newspaper in what is now Russenstrasse 48 in Probstheida, which is currently a museum.

The poet and patriot **Theodor Körner**, 1791–1813, studied in Leipzig, where on 24 April 1813, on Schneckenberg, where the Opera House now stands, he wrote a well-known song about Lützow's wild and daring dash. There are a number of memorials to him, in and around Leipzig (where Körner's parents came from), all dating back to the wars of liberation (from Napoleon). Probably the best-known used to be on Martin-Luther-Ring opposite the Neues Rathaus, where Körner was nursed back to health after he was wounded in battle on 17 June 1813. Two months later he died in battle near Gadebusch, killed by a French bullet.

The **Krochhaus** is one of the buildings on Augustusplatz that were not destroyed during World War II. It dates back to the 1920s and was designed by a Munich architect, Bestelmeyer. The two bell-men on the roof were modelled on a clock tower in Venice.

The monument to one of the greatest sons of the city, **Gottfried Wilhelm Leibniz**, who was born here in 1646 and is said to have been the last universal scholar, stands on the south-west of the main university building in Universitätsstrasse, not far from a fine neo-classical Schinkel portico that could hardly have been less favourably located, between plain and narrow lines of houses. The monument, made by Ernst Julius Hähnel and erected in 1883, portrays Leibniz larger than life.
Beside the monument stands the **Moritzbastei**, a three-storey underground bastion built by Duke Moritz of Saxony in the mid-sixteenth century. Its magnificent redbrick vaults now house a restaurant and a youth club.

Lindenau Dock: No ship has ever berthed in this dock because the Elster-Saale Canal was never completed. If Leipzig had been chosen to host the 2012 Olympic Games, the Olympic Village would have been built here.

Glockenmänner auf dem Dach des Krochhauses am
Augustusplatz
Bell-men on the roof of the Krochhaus on Augustusplatz

Das **Krochhaus** ist eines der wenigen Häuser am
Augustusplatz, das im Zweiten Weltkrieg nicht zerstört wird. Es entstand in den 1920er Jahren nach
Plänen des Münchener Architekt Bestelmeyer. Die
beiden Glockenmänner auf dem Dach sind denen
am Uhrturm in Venedig nachempfunden.

Das Denkmal für einen der größten Söhne der Stadt,
Gottfried Wilhelm Leibniz, der 1646 hier geboren
wird und von dem es heißt, er sei der letzte Univer-
salgelehrte gewesen, steht an der Südwestseite des
Universitätshauptgebäudes in der Universitätsstraße
unweit eines schönen klassizistischen Schinkel-
Portals, das zwischen engen schmucklosen Häuser-
fluchten allerdings einen denkbar schlechten Platz
erhalten hat. Das Denkmal zeigt Leibnitz überlebens-
groß. Es wurde von Ernst Julius Hähnel geschaffen
und 1883 errichtet.
Neben dem Denkmal erhebt sich die alte **Moritzbastei**, eine dreigeschossige unterirdische Wehranla-
ge, die Moritz von Sachsen in der Mitte des 16. Jahrhunderts anlegen ließ. In den wunderschönen
Backsteingewölben sind eine Gaststätte und ein Ju-
gendclub untergebracht.

Lindenauer Hafen: In diesem Hafen hat nie ein
Schiff angelegt, weil der Elster-Saale-Kanal unvollen-
det blieb. Wenn Leipzig den Zuschlag für die Olym-
pischen Spiele 2012 erhalten hätte, wäre hier das
Olympische Dorf entstanden.

Der repräsentative **Mendebrunnen** steht auf dem
Augustusplatz unmittelbar vor dem Gewandhaus.
Er wird von der Kaufmannswitwe Marianne Pauline
Mende gestiftet, vom Nürnberger Architekten
Adolph Gnauth entworfen und 1886 durch Hugo
Licht vollendet. Die Plastiken von Jacob Ungerer
(1840–1920) beziehen sich auf die Bedeutung des
Wassers.

Im Stadtzentrum gibt es eine Vielzahl von **Messe-
häusern**, die zur Leipziger Messe Ausstellern Platz
boten, zur messefreien Zeit aber meist ungenutzt
blieben (Peters Hof, Stenzlers Hof, Messehaus
Drei Könige, Dresdner Hof, Zentral-Messepalast,
Messehaus Mädlerpassage, Messehaus am Markt,
Handelshof, Specks Hof, Hansahaus). Ein besonderes
Kleinod ist der Specks Hof in der Reichsstraße 4 bis
6 in reinstem Biedermeierstil. Durch die Messehäuser ziehen sich Passagen mit meist luxuriösen Läden
und einem anheimelnden Ambiente. In der „Rotunde",
wo sich Mädler-, Messehof- und Königshaus-Passage
treffen, hängt ein Glockenspiel aus Meißner Porzellan.

Schrebergartenanlage „Rotation"
The Rotation allotments

Seit 2004 gibt das **Museum der bildenden Künste
Leipzig** am Sachsenplatz der Sammlung des Leipziger
„Bildermuseums" nach 60 Jahren vorläufiger Unter-
bringung endlich wieder ein angemessenes Domizil.
In einem Unter-, drei Ober- und fünf Zwischen-
geschossen präsentieren sich die Ausstellungsstücke
nun auf einer Fläche von rund 5 000 Quadratmetern. Neben der umfassenden Gemäldesammlung,
die einen Überblick der europäischen Malerei vom
15. Jahrhundert bis heute bietet, beherbergt der
Kubus mit dem gläsernen Mantel auch eine umfang-
reiche Skulpturen- und graphische Sammlung.

Dort, wo früher die Altstadt durch die Stadtmauer
und den Stadtgraben begrenzt wurde, ist ein grüner
Promenadenring entstanden, der zu Spaziergängen
unter alten, knorrigen Platanen einlädt. Hier stehen
verschiedene Denkmäler, das schönste ist wohl das
Schillerdenkmal in der Schillerstraße. Es wurde erst
1914 eingeweiht, zeigt in starkem Maße Jugend-
stileinflüsse und erinnert an die zahlreichen Besuche
des Dichters von 1785 bis 1804 in der Stadt.

Schrebergärten gibt es allerorten. Aber wer weiß
schon, daß der Schrebergartengedanke von Leipzig
seinen Ausgang nahm? Dr. Daniel Gottlob Moritz
Schreber ist ein Leipziger Arzt, der die Vereine zur
Förderung der Jugendpflege, des Familienlebens, der
Volkserziehung und der Volksgesundheit gründet.
Nach seinem Tod wird 1864 die erste Kleingarten-
anlage in der Nähe der Friedrich-Ludwig-Jahn-Allee
ins Leben gerufen.

Der **Thomanerchor** wird als Chor der 1212 gegründeten Thomasschule ins Leben gerufen und ist untrennbar mit der Thomaskirche verbunden.
Der bekannteste Thomaskantor ist Johann Sebastian
Bach, der hier von 1723 bis 1750 wirkt.

Architektonisch ist die **Universitätsbücherei** in der
Beethovenstraße 6 mit dem benachbarten ehemaligen Reichsgericht verwandt. Sie wird von dem
bekannten Leipziger Architekten Arwed Roßbach
(1844–1902) im Stil der italienischen Hochrenaissance prunkvoll entworfen und 1887 bis 1891 gebaut, leider aber im Krieg schwer getroffen, so daß
ein mit Fresken ausgeschmücktes Treppenhaus sowie
der Lesesaal verlorengehen. Erst nach der Wende
konnte die Bücherei wieder völlig instand gesetzt
werden. Hier werden neben vielen alten, wertvollen
Handschriften auch eine Gutenbergbibel und Teile
des Codex Sinaiticus aus dem 4. Jahrhundert aufbewahrt, die der Leipziger Ordinarius für Neues

Testament Konstantin von Tischendorf (1815–74)
1844 und 1859 im Katharinenkloster auf der Sinai-
halbinsel entdeckte.

Die **Universitätskirche** geht aus der Kirche des
ehemaligen Paulinenklosters direkt neben dem
Hauptgebäude der Universität hervor, übersteht im
Gegensatz zum Nachbargebäude die Bombardierung
während des Zweiten Weltkriegs, nicht aber Walter
Ulbrichts Umgestaltungsdrang: Am 30. Mai 1968
wird sie gesprengt, um einem gesichtslosen Zweckbau Platz zu schaffen. In der Fachsprache der kom-
munistischen Nachkriegszeit heißt der barbarische
Akt: Abtragung von Altbausubstanz.

Leipzig ist mit der **Völkerschlacht** 1813 untrennbar
verbunden. Es gibt viele Denkmäler, die die Erinnerungen an jene entbehrungs- und verlustreiche Zeit
wachhalten. Das Völkerschlachtdenkmal ist nur
eines von ihnen. Ein anderes ist das Poniatowskidenkmal in der Lessingstraße 23/27. An dieser Stelle
floß damals die Weiße Elster entlang. Napoleon
flieht zusammen mit 80 000 Franzosen nach der
Schlacht aus der Stadt. Um seinen Feinden die Ver-
folgung zu erschweren, gibt er den Befehl zur Spren-
gung der einzigen Elsterbrücke. Sein übereifriger
Korporal Lafontaine führt den Auftrag vorzeitig aus,
macht damit die Auflösung des französischen Heeres
perfekt, schneidet 20 000 französischen Soldaten den
Rückzug ab und läßt viele von ihnen in den Fluten
des Flusses ertrinken. Unter ihnen ist auch der Graf
Poniatowski, ein in französischen Diensten stehender
polnischer Adliger. Die Explosion der Mine Lafon-
taines beendet die Völkerschlacht bei Leipzig am
19. Oktober 1813 gegen Mittag.
Auf dem Monarchenhügel in Leipzig-Meusdorf
halten sich der russische Zar Alexander I., der
preußische König Friedrich Wilhelm III. und der
habsburgische Kaiser Franz I. auf, um den Verlauf
der Hauptschlacht am 18. Oktober zu beobachten.
An der Stelle befindet sich jetzt ein weiteres Völkerschlachtdenkmal.
Am Napoleonstein an der Tabaksmühle schließlich,
der die Stelle markiert, von wo aus Napoleon den
Rückzug seiner Truppen befehligt, vergißt der Feld-
herr Stock, Fernglas und Dreispitz. Seine Utensilien
liegen, in Stein gemeißelt, auf dem Denkmal.

Das **Zentralstadion** wird gleich nach dem Krieg als
„Stadion der 100 000" errichtet, wobei die Steine
zerbombter Häuser zur Aufschüttung der Tribünen
verwandt werden. Das Stadion dient nicht nur
sportlichen Wettkämpfen, sondern wird zu DDR-
Zeiten auch für Sportschauen verwendet, bei denen
zeitweise 50 000 Teilnehmer auf dem Rasen turnen
und 12 500 Fähnchenschwenker „Dank Dir, Partei"
auf die Osttribüne „malen". Es ist wegen der Fuß-
ballweltmeisterschaft 2006 umfassend restauriert
und modernisiert worden, wobei sich das Sitzplatz-
angebot des ehemals größten Stadions von 100 000
auf 44 345 verringert hat.

Der **Zoologische Garten** im Nordosten der Stadt
wird bereits 1878 eröffnet und ist vom Hauptbahnhof
aus zu Fuß in zehn Minuten zu erreichen. Er wird
durch seine große Löwenzucht international bekannt.

*Detail des repräsentativen Mendebrunnens auf dem
Augustusplatz unmittelbar vor dem Gewandhaus
A detail of the impressive Mendebrunnen in front of the
Gewandhaus on Augustusplatz*

The impressive **Mendebrunnen** fountain on
Augustusplatz in front of the Gewandhaus, was
donated by Marianne Pauline Mende, a merchant's
widow, designed by Nuremberg architect Adolph
Gnauth and completed by Hugo Licht in 1886. It
incorporates work by the sculptor Jakob Ungerer,
1840–1920, that refers to the importance of water.

The city centre boasts a large number of **Messehäuser**, or trade fair halls, that were used by exhibi-
tors during the Leipzig Fair but were otherwise
mainly disused. They include Petershof, Stenzlers
Hof, Messehaus Drei Könige, Dresdner Hof,
Zentral-Messepalast, Messehaus Mädlerpassage,
Messehaus am Markt, Handelshof, Specks Hof and
Hansahaus. Specks Hof in Reichsstrasse is a gem
in the Biedermeier style. Passagen, or arcades, that
run through the trade fair halls are lined with
luxury shops and most enjoyable to walk around.
A Glockenspiel, or carillon, with bells made of
Meissen china hangs in the rotunda on which
the Mädlerpassage, the Messehof-Passage and the
Königshaus-Passage converge.

Since 2004 the **Leipzig Museum of Fine Arts** on
Sachsenplatz has provided the city's civic art collection with a suitable home once more after 60 years
of temporary accommodation. In the basement and
on three main and five mezzanine floors the exhibits
are now on show on about 5,000 square metres of
floor space. Along with the comprehensive art collec
tion and its overview of European painting from the
fifteenth century to the present, the plate-glass cube
also houses an extensive collection of sculpture and
graphic art.

Where the Altstadt once was bordered by ramparts
and a moat, a green **Promenadenring** now invites
you to take a stroll beneath fine old plane trees.
They are interspersed with memorials of various
kinds, the most attractive of which must surely be
the Schillerdenkmal in Schillerstrasse. This monument was erected only in 1914 and shows strong Art
Nouveau influence. It recalls the writer's numerous
visits to Leipzig between 1785 and 1804.

Schrebergarten is the German word for an allotment, or plot of land let to city-dwellers for spare-
time gardening, and there are still plenty of them.
But how many people know that the allotment
movement began in Leipzig? Daniel Gottlob Moritz
Schreber was a Leipzig doctor who founded societies
to promote youth care, family life, public education
and public health. After his death the first public
allotments were set up in 1864 near Friedrich-Ludwig-
Jahn-Allee.

The **Thomanerchor** was founded as the choir of the
Thomasschule in 1212 and is inseparably linked with
the Thomaskirche, or St Thomas's Church. Its best-
known choirmaster, who worked here from 1723 to
1750, was Johann Sebastian Bach.

Architecturally, the **Universitätsbücherei**, or University Library, in Beethovenstrasse has much in
common with the neighbouring former Reichsgericht building. It was designed by the well-known
Leipzig architect Arwed Rossbach, 1844–1902, in
magnificent Italian High Renaissance style and built
between 1887 and 1891, but suffered severe damage
during World War II, in which a frescoed stairwell
and the reading room were lost. The library building
was not fully refurbished until after reunification.
It owns many valuable old manuscripts, a copy of
the Gutenberg Bible and parts of the fourth-century
Codex Sinaiticus, which a Leipzig professor of
New Testament studies, Konstantin von Tischendorf,
1815–74, discovered between 1844 and 1859 in
St Catherine's Monastery in the Sinai peninsula.

The **Universitätskirche**, or University Church,
dated back to the former Paulinenkloster convent
and, unlike the neighbouring main university building, survived the World War II air raids, but not
East German leader Walter Ulbricht's stifling urge
to redesign the city. On 30 May 1968 it was blown
up to make way for a faceless functional building. In
the official jargon of post-war German communism
this was known as the demolition of old building
stock.

Leipzig is inseparably associated with the 1813
Völkerschlacht, or Battle of the Nations. There are
many memorials to what was a period of deprivation
and losses. The Völkerschlachtdenkmal is but one
of them. Another is the Poniatowskidenkmal in
Lessingstrasse, where the Weisse Elster used to run.
After the battle, Napoleon and 80,000 French troops
fled from the city. To make it more difficult for his
enemies to pursue him he ordered the only bridge
across the Elster to be blown up. An overzealous
French corporal by the name of Lafontaine blew it
up prematurely, cutting off 20,000 French soldiers
from the retreat. Many were drowned in the river.
They included Count Poniatowski, a Polish noble-
man who served with the French. Lafontaine's mine,
which exploded at about midday on 19 October
1813, ended the Battle of the Nations near Leipzig.

*Das modernisierte Zentralstadion
The modernised Zentralstadion*

From Monarchenhügel, or Monarchs' Hill, in Meus-
dorf, Czar Alexander I, King Friedrich Wilhelm III
of Prussia and Emperor Franz I of Austria observed
the battle's progress on 18 October 1813.
A monument now stands on the spot. At the Napoleonstein, or Napoleon's Stone, by the tobacco mill
that marks the vantage point from which Napoleon
gave orders for the retreat of his troops, General
Stock forgot his field-glass and three-cornered hat.
They are engraved in the monumental stone.

The **Zentralstadion** was built immediately after
World War II to hold 100,000 people, using rubble
from houses destroyed during the war to build
foundations for the stands. It was used not just for
sporting events but also, in East German days, for
sports displays in which, on occasion, 50,000 gym-
nasts performed on the pitch and 12,500 flag wavers
signalled "Thank You, (Communist) Party" in the
east stand. It was given a thorough makeover for
the 2006 soccer World Cup, with seating in what
used to be the largest stadium reduced from 100,000
to 44,345.

The **Zoologischer Garten**, or zoo, in the north-east
of the city opened in 1878 and is a mere ten minutes'
walk from the main railway station. It gained international repute for the lions that were bred there in
captivity.

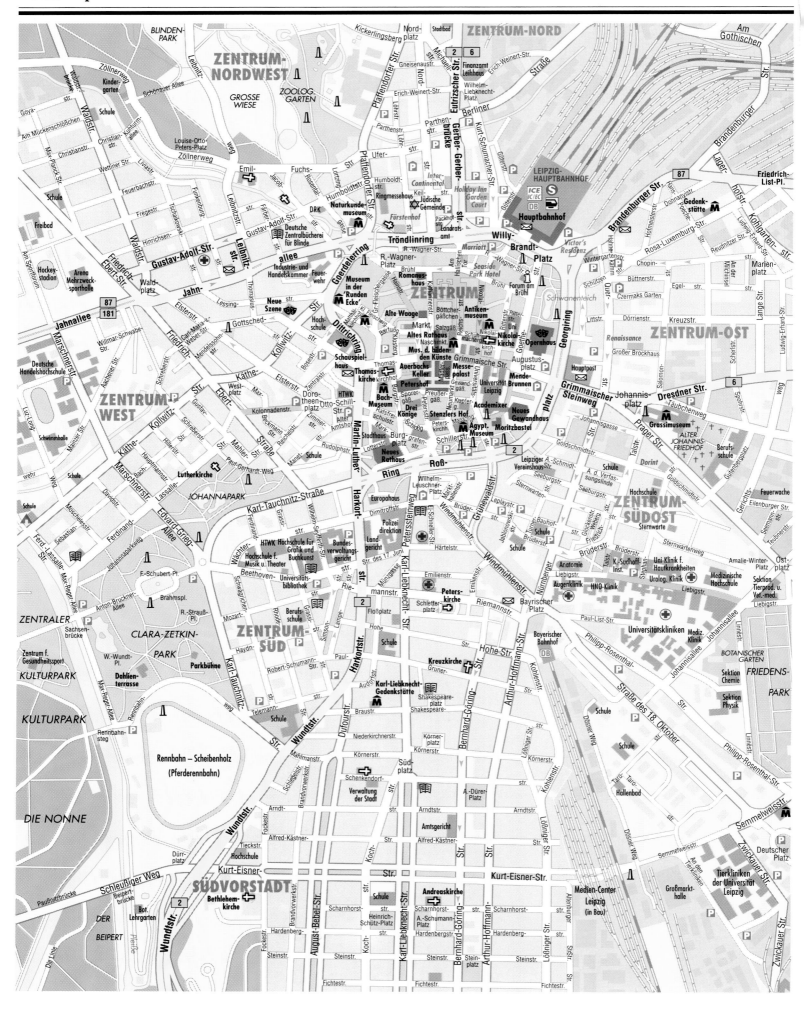